阅

阅读成就梦想……

Read to Achieve

Eyeful演讲实验室

超震撼可视化演讲设计教程

THE **PRESENTATION LAB**

Learn the Formula
Behind Powerful
Presentations

[英] 西蒙·莫顿（Simon Morton） 著
李桐 译

中国人民大学出版社
· 北京 ·

献给丽莎、贝丝，还有彼得——你们让我勇往直前。

本书是在十年的思考、睡眠、阅读、制作和做演讲的过程中积累的。这种近乎不健康的痴迷，若没有友谊的支撑以及 Eyeful Presentation 公司全世界的演讲团队的支持是不可能的。我的感谢依次（以时间顺序）献给丹尼尔、萨尔、法斯和 Zo。你们是与众不同的。谢谢你们的支持！

同样感谢那些不可思议的客户，感谢你们选择了我们的服务，和我们一起经历了这个旅程，直至今日。你们的忠诚、热情和挑战传统的意愿是伟大的演讲的关键。我很幸运，在这么多年的时间里对得起你们对我们的信任。

最后，还要感谢超级有才华的亚历克斯和飞儿，他们的设计让这本书显得更加与众不同。谢谢他们，每次当我带着新的想法或是手画的草图出现在工作室的时候，他们都抑制住了掐死我的冲动。

问所有的人致谢！

西蒙·莫顿

AB-14

前　言

一个演讲最不重要的一点就是演讲本身。

而最重要的一点是演讲对你的听众所产生的效果——也就是说你的听众在听完演讲后有什么感觉，会如何行动。

你的演讲应是达到目的的一种手段，而不是目的本身。

然而，大多数人并不这么看待演讲。相反，他们在准备一个演讲的时候会这样认为：

我想说什么？

我之前做过的幻灯片里有没有可以重复使用的？

我能委派谁去准备？

可想而知，按照这样的想法准备出来的演讲往往冗长、缺乏创新，只是演讲人和听众之间的单向交流，而这样的演讲本身很可能会产生反面的效果。我确信仅仅是在过去的一周里你们就已经听过一些这一类的演讲了。那么，让我们来面对现实吧，因为我们都讨厌坐在那里听这样无聊的演讲，不是吗？

现在，终于有一本书能够改变这一切了。

我第一次和西蒙见面是在几年前。说实话，在见他之前，我心里是有些怀疑的。我见过了太多所谓的“幻灯片专家”。这些人里大多数都信心满满地认为只要把幻灯片做好，一切都可以搞定。你们也知道这些专家们会怎么说：“你是要准备做一个演讲吗？好的，让我们一起先来设计幻灯片。让我们讨论一下怎么能让你的幻灯片看上去很炫、与众不同！”

然而，西蒙却恰恰相反。

和我一样，西蒙的核心理念是，准备一个演讲时，最关键的地方在于听众。是听众，而不是演讲人，来决定一个演讲到底是好还是不好。

最终，是由听众来决定是否作出行动。因此，听众才应该是我们整个演讲所关注的焦点。如果这一点明确了，每一个人都会受益，剩下的事情能够迅速简便地完成。

这本书就是要帮你准备你人生中最棒的一次演讲。你将会学到一些技巧，而这些技巧会永远地改变你和他人说话的方式。我知道这不是夸大其词，因为我就亲眼看到过这样的事情发生。西蒙的公司和我的公司已经合作了很多次，我们让许许多多的人（不管是演讲人还是听众）可以更好地享受演讲。我们改变了企业交流的方式，领导管理的方式，以及销售团队销售的方式。

这本书会告诉你如何让你的听众经历一场旅程，而最终的结果就是他们会心甘情愿地去做你希望他们做的事。

除此之外，本书还会改变你对幻灯片演讲的认识。因为，你的外在表现会反映出你心里是如何想的。

但最重要的一点呢？你的听众会很高兴你读了这本书。

如果这一情况发生的话，每一个人都会是赢家。

安迪·邦兹

人际沟通专家，国际畅销书《滚雪球效应》（*The Snowball Effect*）和《果冻效应》（*The Jeuy Effect*）的作者。

A 引言

B 基本工具

C 演讲的基本元素

Eyeful 演讲实验室
目录

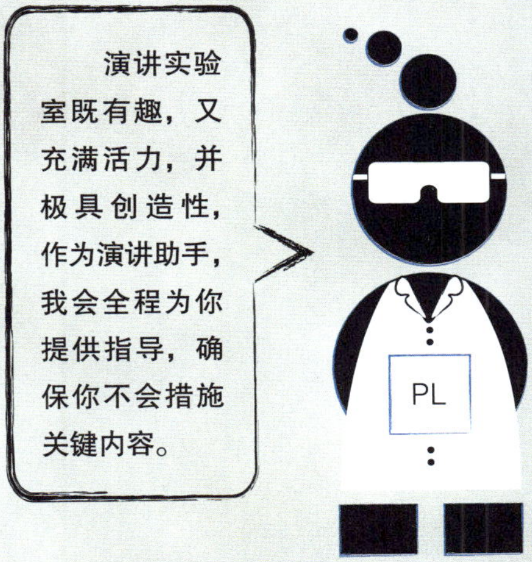

引　言

A

演讲实验室设想

A1

Element **A** B C D E F G H

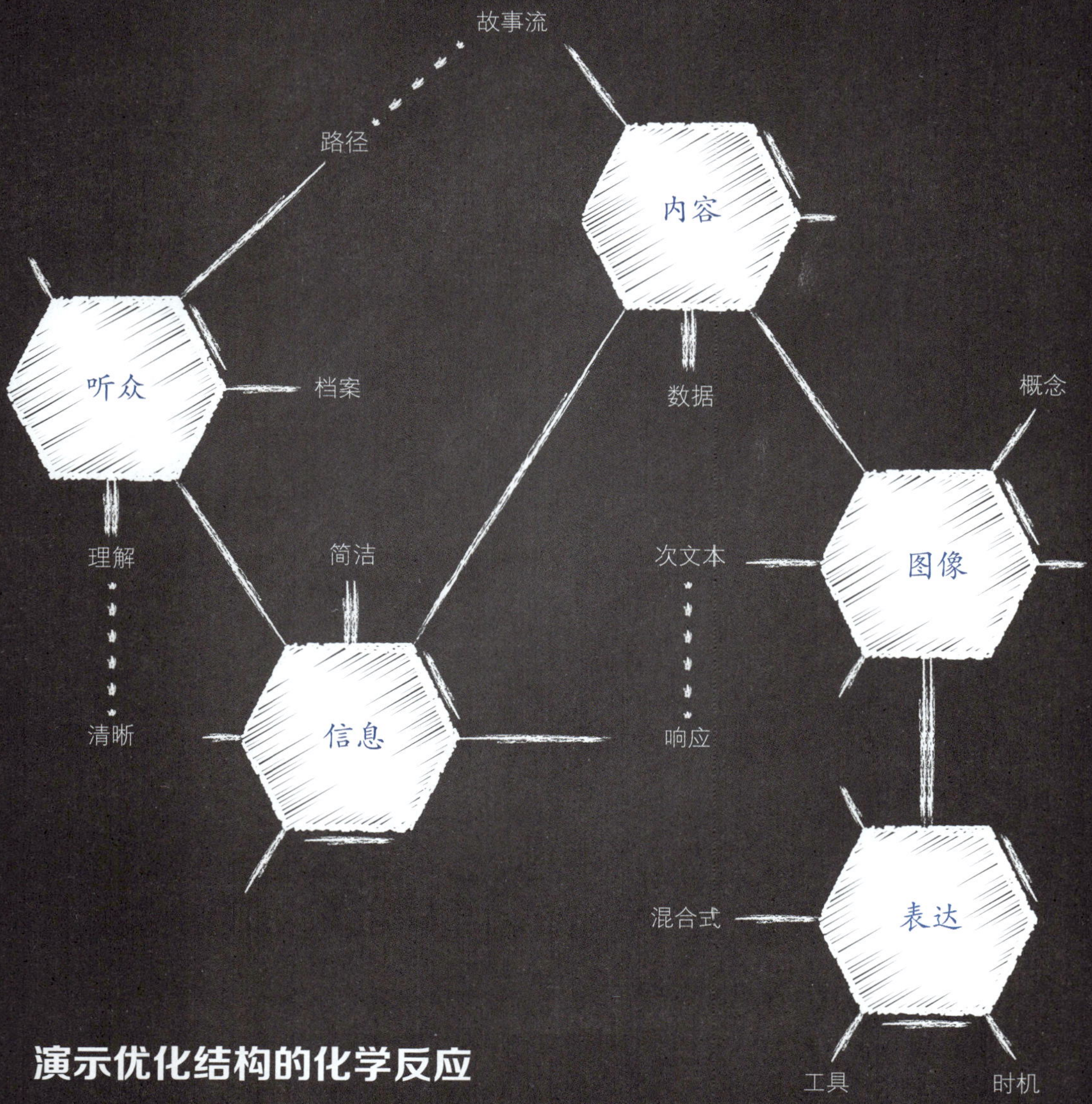

演示优化结构的化学反应

在商业领域里能够清晰地与人沟通这项能力从没有像今天这样重要。所谓清晰的沟通可以指给同事们撰写一封清楚明白的邮件，也可以指通过一个复杂的演讲来点燃听众的激情，分享对一件事物的看法和对未来的愿景等。能够清晰地与人沟通的能力在今天的社会已经成为每一个成功的商业人士所必备的技能。

让人感到兴奋的一点是，交流和商业之间的关系在过去的几年中，在很多层面都发生了变化。

专业的人际互动沟通已经发生了巨大的改变，早已不是当初站在一群人面前，一本正经地做演讲了（通常是站在一个马蹄形的桌子面前……让听者感到更加紧张）。

今天，人们沟通的方式已经越发趋向于非正式的方式——在机场候机厅的咖啡吧或酒吧，或者是在一些非正式的社交场合，或通过网络社交媒体。大多数时候，我们沟通（包括演讲）的机会会在不经意间突然出现，我们应该牢牢地抓住每一个这样的机会。

每当这种沟通发生的时候，你就有机会来分享你的想法、你对未来的展望和提议，或用一种强有力的方式去讲一个老故事，而不仅仅是展现你自己是一个光彩照人的演讲人。如今，各种各样的演讲工具和演讲技术层出不穷，我们正处在一个演讲发展的黄金时期——美好的年代。

当然，有些人似乎天生就有一种站上讲台演讲的能力，而有些人则没有。我们可能都遇到过那种才华横溢的同事，非常善于社交，但一到听众面前演讲的时候就呆若木鸡，不知所措了（你可能就是其中之一！）。还有一种人，聪明无比，永远有无数的好点子来分享，但他们演讲的最终结果往往是让听众听得一头雾水，而没有把他们的想法和知识有效地传递出去。

令人担忧的是，一个人若不能通过演讲的形式（我这里指的不仅仅是幻灯片，你们之后就会明白）清楚地交流、传递信息，那么这很可能会对他的职业发展产生致命性的影响。

当今社会之所以有那么多针对演讲的培训机构（很奇怪，这些机构大多数培训师都是一些曾从事表演工作的人，他们对商业知之甚少）是因为这些聪明绝顶却对演讲无从下手的同事们认识到了演讲交流对他们工作的重要性。有些时候，这样的培训确实有效果，因为这属于一个人的**软性**技能，需要不断地练习、不断完善。但更多的时候，根本问题不仅仅只是关于演讲技巧，而是在于整个演讲的创造和发展。商业演讲不应该被看成是一个宏大的表演，而应该被看成是演讲人和听众之间的有效的互动。这本书关注的正是这一点。

市面上有无数的书籍、培训机构和网站，都能够针对一个人的软性技能提供一些窍门和指导（比如：确保你的口袋里的零钱不要发出声响，不要站在投影仪前面，上台之前确保衣服拉链拉上了）。然而，真正能够就如何架构你的演讲内容，如何用可视化的方法来讲述你的故事这一方面提出建设性意见的机构或书籍并不多。

这本书将会彻底改变这一情况。在接下来的 8 个板块中，我会和大家分享创造一个演讲故事所需的所有步骤和必经的几个阶段。这些步骤不仅对作为演讲人的你来说很重要，更重要的是，能够准确无误地表达出你的**听众**的需要，无论你所演讲的环境是什么样的，无论你的听众的社会经济背景、种族背景是什么样的。

听众才是演讲过程中最重要的因素。

在准备演讲的过程中从始至终把听众作为核心，才是演讲成功的关键。我们已经走在前面了。首先，让我们看看“演讲实验室”这个概念是从哪儿来的。

一个人也许有世界上**最棒、最新颖**的想法，但如果这个人没有能力让他人信服他的想法，他的想法就起不到任何作用。

格雷戈里·伯恩斯（Gregory Berns），神经系统科学家

THE PRESENTATION LAB

欢迎来到演讲实验室

A2

Element **A** B C D E F G H

"演讲实验室"这一概念在我的公司 Eyeful Presentation 中已经存在很长时间了。

我们想找到一个地方能够测试新想法、让客户和朋友来尝试不同的方法来做演讲，并且希望他们再也不用担心在观众面前看上去不够专业。这就是演讲实验室的目的。我们给人们机会来使用新的技术，创造有创意的故事，并且投入到整个演讲中去。

更令人兴奋的是，通过创造一个真正带入式的环境，我们能够用演讲技巧和可视化去影响一个领域里最有影响力的人，从而改变他们对商业领域演讲的看法。那些参观过我们 Eyeful 实验室的人，或者愿意花钱购买此书的人，肯定会是一个企业里有执行能力，能够让改变发生的人。企业只需要有几个负责任的声音来指出糟糕的演讲想法无用，然后聚集足够的力量来做出改变。

商业演讲需要改变，这一点毫无疑问。我们的"演讲实验室"所倡导的理论和方法将提供很多不一样的见解和工具，从而点燃你的激情，让企业做出真正的改变。

理解"演讲实验室"方法的第一步就是认清现实——不存在能够解决一个企业中所有演讲问题的方法。

使用各种不同的选择和解决方案，将不同的方法融合起来，用开放的方式来进行测试，才能获得解决问题的答案。希望你的企业有一天可以像"演讲实验室"一样，成为一个有意思的地方，任何一个随机的想法都有可能激发出灵感的火花。

演讲实验室
PL
警告
正在创作中

我记得几年前和英国的一个大型信息技术企业的执行团队共事的经历。当时由于激烈的市场竞争，他们正面临严峻的挑战。他们找我们的目的是帮助他们发布一个全新的云服务。销售和营销部门的总监焦虑的心态是可以理解的，他当时急于推广云服务的灵活性，相信这样先下手为强的动作能够让他们获得一些优势。然而，不幸的是，企业的 CEO 似乎只考投资回报率。在讨论了几个小时之后，我们一起决定休息一下，喝杯咖啡，也因此终于有机会来谈论一些除了工作之外的事情。

我们两个人都是英国人，又都热衷园艺，就很自然地谈到了天气这一个话题（虽然是老掉牙的话题，但的确如此！）。我说我家的春季作物由于过去几个星期阴沉的天气正萎靡不振。

“你看，云带来的不总是好消息。”我小声地抱怨了一句，还在担心我的那些泛青的番茄。

“有了！”那位 CEO 惊喜地叫了一声。

接下来我们讨论的演讲中传递的信息内容迅速来了个 180 度大转变，而结果却很令人满意。每一个人都积极地把他们投入到了演讲中，大家都有同样的激情和对未来计划的展望。很快，我们抛弃了之前只关注技术的做法，比如那个大家都已经使用过的关于投资回报率的信息。相反，我们找到了一个简洁又优雅的方案，能够直指听众最关注的核心问题。我可以告诉你们，最后我们要传达的信息简化成了几个只有一个音节的单词，却清楚明白地告诉了客户使用新的云计算是否能够提高效率、节省技术成本、提高灵活性；并且如果不能的话，我们也会告诉客户为什么，以及其他可供选择的解决方案是什么。

这个例子大体上总结了“演讲实验室”是什么样子的。我们想要创造一种环境，在这个环境里，很可能每一个随机的想法都能激发出新的想法和评论，每一位参与者也会被注入足够的热情和激情来见证一个个绝妙的想法变成现实。所以，“演讲实验室”是关于一个能够给予你技巧，同时让你在企业里实施这些技巧的地方。这会很有趣，很有挑战性，有时也会很让人头痛。但我保证，这一切都是值得的。

演讲实验室方法论

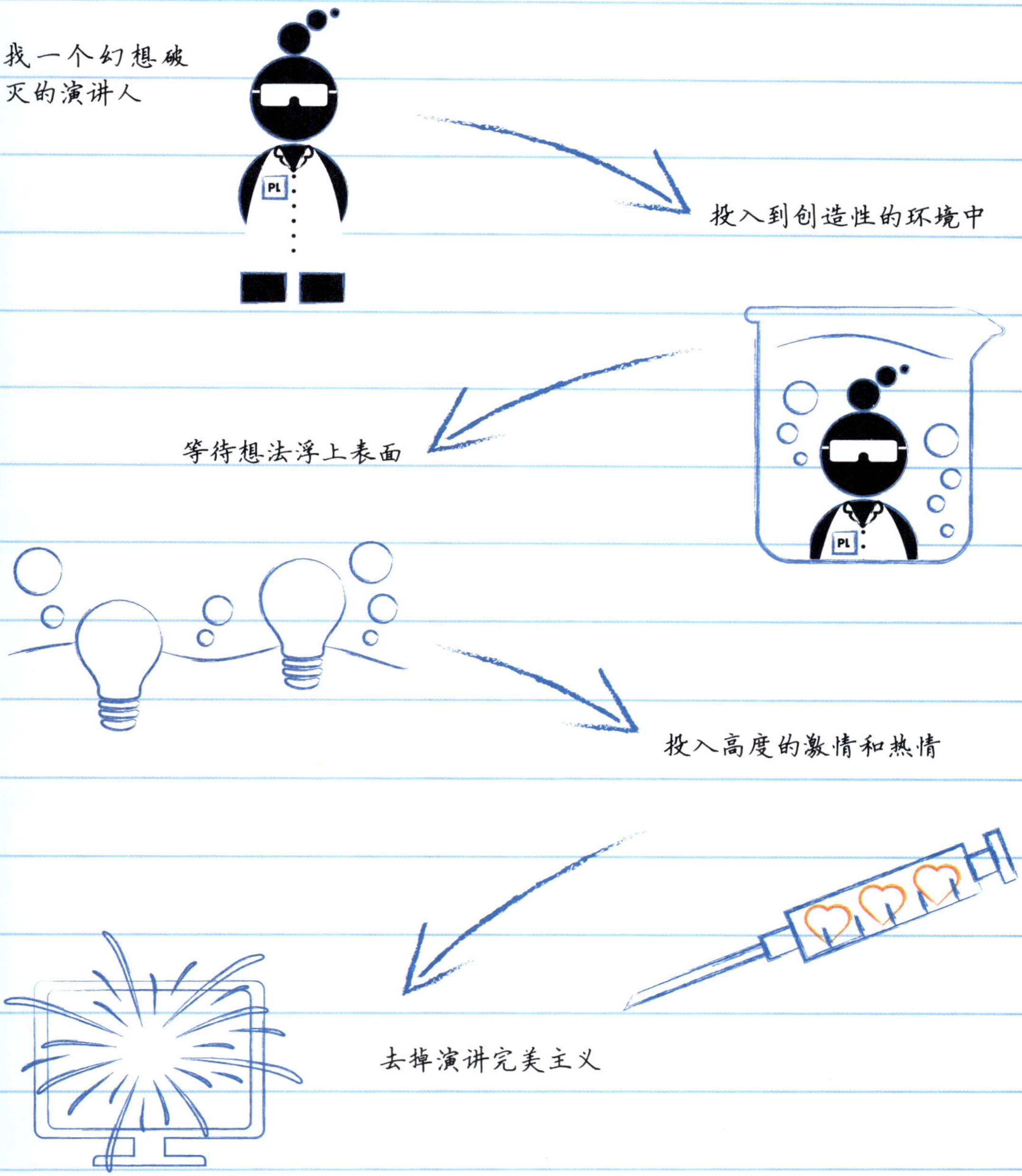
我一个幻想破灭的演讲人
PL
投入到创造性的环境中
PL
等待想法浮上表面
投入高度的激情和热情
去掉演讲完美主义

演讲实验室不包含的内容

A3

写书是我干过的最激动人心的事情之一。在过去很多年里，我帮助很多大型企业提高了他们演讲的影响力和听众的参与度。写书能够给我一个机会让我把这几年里积累的想法和学到的东西用白纸黑字呈现出来。

这就好比一个经过多年巡回演出的音乐家最终推出了他的第一张个人专辑。有太多的东西想要和大家分享了，这也是写书的难点之一。

如果我试图把我知道的所有知识都写进这本书里，结果必然会是一团糟。一味地试图解决企业每一天都有可能遇到的所有演讲问题，必定会导致失败。在阅读这本书的过程中，你们会发现，这本书包含的内容和它不包含的内容一样重要。

基于这一点，我提供了下面一个清单，列出了这本书里不包含的内容，并解释了不包含这些内容的原因。

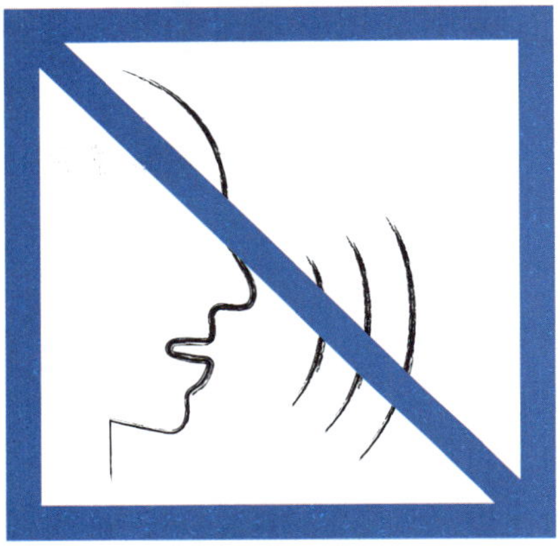

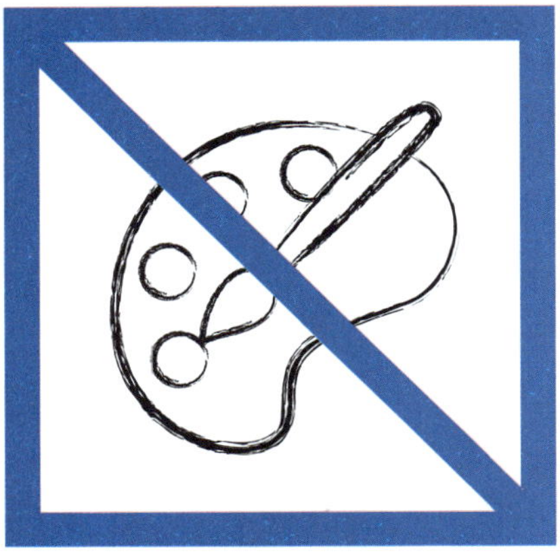

演讲实验室
不包含的内容

软技能

在我从事的行业中，全球各地都有很多极具天赋的软技能培训师。他们花大量的时间把我们帮助演讲人创建的故事转化成演讲。这些培训师们有非同寻常的影响力。我就曾亲眼见证过一些胆小的演讲人蜕变成了滔滔不绝的演讲大师。说实话，我也见过很多自以为是、盲目自信的演讲人经过训练后变成了真诚、无私的演讲人。总之，软技能确实是很强大也很重要的东西。

我之所以在这本书里没有包含任何关于软技能的部分，是因为根据我的经验来看，提高一个人演讲能力的软技能的过程是一个人的个人旅程。我们的培训师都很明白，很多时候人们没有能够进行一个充满热情、激情洋溢、十分投入的演讲，是因为很多个人的小瑕疵，而这些瑕疵远不是如何站立，如何发声，该如何放你的手那么简单。每一个演讲人的问题都是独一无二的，所以必须针对每个人来量身定制。因此，在这样一本书中挤进一个章节来讨论这一问题似乎并不能起到任何效果。

制作更漂亮的幻灯片

在整本书中我们都会贯彻一个思想就是我们喜爱 PowerPoint。我们知道它是一个很棒的工具——如果能在恰当的场合使用恰当的话。我们也承认，尽管有些人认为 PowerPoint 很无聊，没有新意，但它仍是大多数商业演讲人们最喜欢的工具。

和软技能相似的是，一个好的幻灯片也是需要因人定制的。我们会讲解如何使用图像来衬托你的故事。而这些图像必须适合你演讲的流程，站在你这个演讲人的旁边，很自然地成为你的信息和风格的一种延伸，最终帮助你达到沟通的效果。

我们并不会介绍如何具体使用幻灯片，如何使用模板，如何创建动画或插入视频等。市面上已经有太多关于这方面的书籍，不管你使用的是哪个版本的 PowerPoint（包括 Keynote 等）。说实话，我认为有比如何制作幻灯片更重要的话题可以讨论，比如：信息的传递、故事结构和观众参与等。你觉得呢？

演讲领域为什么会有错误的观念

这个标题的措辞很强硬，这我知道，但一旦想到商业交流领域这些年的发展趋势，这句话就越发明显。人们在不同的环境中进行演讲展示，使用新的科技，用新的方式来吸收信息。然而，大体上看，演讲领域却没有针对这些变化作出改变。就算有，似乎也是在抵制这一新现实。

让我进一步解释一下。

演讲交流和演讲设计领域的一切都是在解决“传统”演讲所面临的困境。传统的演讲是在正式的演讲场合，是一个经过准备、有计划的演讲，而这种场合的听众往往不会在演讲过程中提问。

这种方式对很多类型的公众演讲很实用。竞标类的演讲就可以使用这种方式。同样，很多会议、研讨会以及从某种程度上说网络会议都适合使用传统的演讲模式。

然而，还有许多其他种类的演讲场合与传统的演讲不同。

很多最优秀、最成功的销售演讲其本质其实就是对话沟通。

能够与人互动、回应、让听众参与的能力是非常强大的，也非常难做到，这主要是由于全世界的销售团队都面临一些演讲结构和演讲工具上的限制。

同样，对那些非正式场合的演讲也是如此。无论是在机场酒吧的一张餐巾纸上阐述想法时获得的灵感，还是使用白板作为自由讨论的工具时产生的想法，也或多或少地受到了一定的限制。

尽管演讲的趋势正在经历重大改变，但该领域的很多专家仍然在关注那些越来越少见的正式演讲场合，设计师们还在研究线性的 PowerPoint 幻灯片来为正式演讲场合传达视觉信息，作者仍在撰写如何在正式演讲场合提高听众参与度的书籍，而这些最终会变得和现实情况越来越不相关。机构仍然花大量精力教授人们如何站立，如何控制演讲节奏，如何在正式演讲中把握呼吸。他们难道不更应该投资建设他们的团队，让他们真正理解演讲故事，从而能够运用相关的演讲内容和图片，在各种不同的演讲场合使用吗？

机构需要问自己一个关键的问题：我的演讲是否只能在正式场合上使用呢？还是说，如果在必要的时候，我的演讲在信封的背面也能很好地传递给听众呢？

设计
内容
信息
Quality

糟糕的演讲的影响（和来源）

A4

不好的演讲不可避免：商业领域的沟通已经陷入了危机。由于演讲不好，全球很多企业的董事会都陷入僵局。演讲质量差，做决策的时间就不得不加长，人们也不得不根据错误的假设和呈现得很差的数据来做出自己的决定。

我们不可以低估这些不够标准的演讲对商业的负面影响。很多年前，美国国家航空航天局（NASA）卷入了一场暴风雨般的争论，其争论的内容就是PowerPoint的低效率。当时人们已经开始认识到了演讲软件是“万恶之源”，也是哥伦比亚号空难的原因之一。有人认为NASA在介绍和辩论较为复杂的工程问题时，过于依赖PowerPoint。

NASA的哥伦比亚号事故调查委员会在他们的报告中说：“这很容易理解，一个高级经理在阅读一个幻灯片的时候，很可能没意识到这张幻灯片针对的是一个生死攸关的情况（问题）。”

当然，PowerPoint所能起到的重要作用几天几夜都说不完，然而有一个非常重要又显而易见的事实是不能忽视的：

NASA的工作人员没有做到清楚无误地沟通。

我不否认NASA的工作人员都是极其聪明又善于言辞的人，但这其实一点也不重要，因为他们的演讲最终还是失败了。除此之外，回过头来看，他们当时所选择的工具不是这儿错了就是那儿错了。他们忽视了清晰明了地传递信息的重要性，而之后董事会的决策导致了7名英勇的宇航员丧生这一悲剧的发生。

在阅读这本书的时候，在世界的某地有人正在使用一种冗长又复杂的方式进行演讲、传达信息，而那些坐在他们面前的决策人（说实话，演讲人估计需要费尽力气先预订好会议）的思想已经开了小差。他们的脑子正在那些成堆的电子邮件中（或者，有些更无礼的听众很可能已经在演讲人用PowerPoint讲得大汗淋漓的时候使用他们的手机来检查邮件了）。

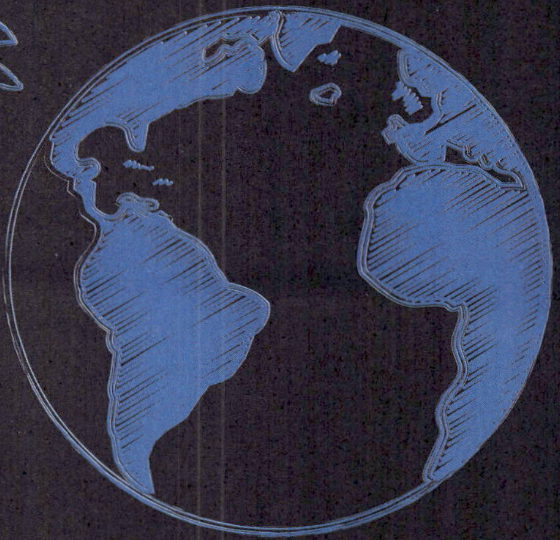

也许听众们正在思考下一次的会议内容，或者当天的晚饭应该吃什么，抑或是今晚有什么电视节目。最终，最糟糕的结果就是听众们，尤其是那些关键决策人不再继续聆听演讲人的讲话，也不再聆听被传递的想法。

最终的结果是没有能够做出决定——这是相对最好的结果，而最差的结果是，决策人做出了错误的决定。一旦这种情况发生的话，整个企业都会受到影响，同时让员工、股东和其他利益相关者们受到影响——**而这一切都是由于一个失败的演讲。**

听上去很可怕，是不是？

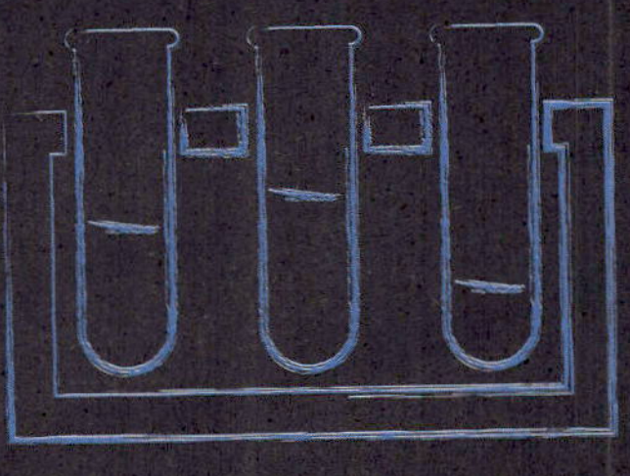

那么为什么会有如此之多的失败演讲呢？原因很多，从时间上、技巧上的原因，到执行者的支持度，再到对演讲在清晰交流中所扮演的角色的认识程度都有影响。

在和销售及营销团队合作的时候，我们经常要强调一种行为，我们称之为“幻灯片悖论”（Presentation Paradox）。

在世界范围内的大中小企业，“幻灯片悖论”都是一个普遍存在的问题。其具体表现就是准备销售会议最后关头的恐慌。

研究者很有可能在召开销售会议之前做了大量的工作，对营销和技巧培训也投入了很多。如果你们想看一个 CEO 的脸色有多么难看，那就让他计算一下培训一个销售人员的真正花费，这一数字是惊人的。

然而，直到最后一刻，销售人员才会想到为会议准备幻灯片这件事。显然，这样一来不可避免的结果就是，把之前用过的幻灯片复制粘贴（这也被称为弗兰肯斯坦式幻灯片），然后把它交给一位私人助理用一晚上的时间进行修改，结果是制作出一个极为平庸的幻灯片，这还是最好的情况。

一个演讲虽说有一些不可避免的客观问题，但是 PowerPoint 很多时候被人们认为是一个演讲失败的主要原因！这种对 PowerPoint 的偏见让我觉得有必要在接下来澄清几点……

幻灯片悖论

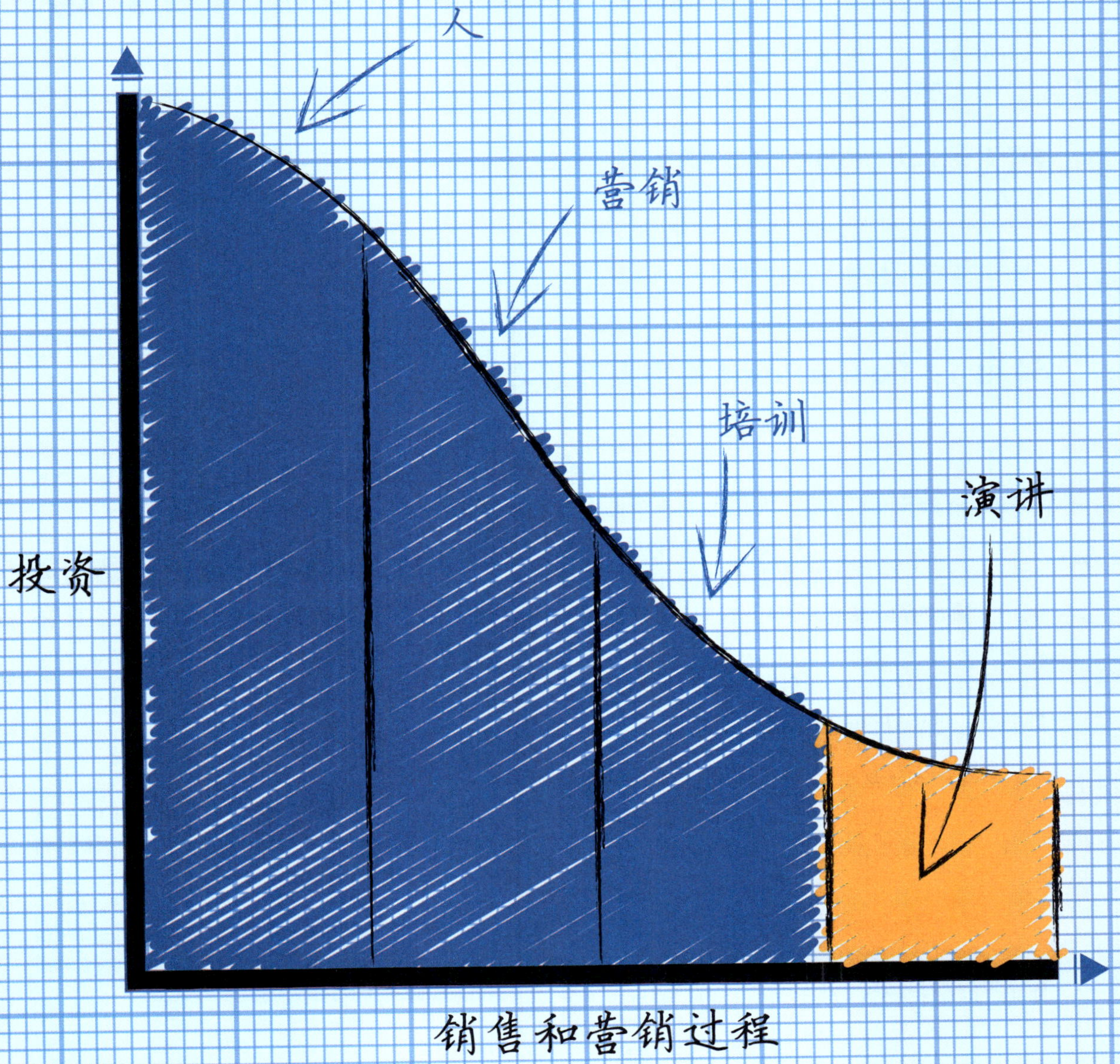

澄清演讲谜团

A5

Element **A** B C D E F G H

关于幻灯片演讲，最令我头疼的问题之一（我敢打赌，这也是为什么差的演讲已经成为商业领域里的普遍现象了）就是围绕幻灯片存在的一些谜团。

谜团 1：PowerPoint 本身是万恶之源

几年前，一个名叫马蒂亚斯•勃汉姆（Matthias Poehm）的瑞士人想出了一个诡诈的计划：他成立了一个名为“抵制 PowerPoint”的政治党派。勃汉姆的政党在全世界范围内得到了大量的宣传报道（很巧合的是当时正逢他的新书发行），从而让所有人产生了一种想法：因为使用 PowerPoint 所做的那些商业演讲产生的罪行，PowerPoint 应该被禁止使用。

PowerPoint 最大的问题其实是它太容易使用了。微软公司把这项能够制作可视化演讲的工具，推广到了全世界，尤其是商业人士。但问题是这些人中只有很少一部分人知道如何开始制作一个像样的幻灯片。而这一点并没有让人们停滞不前，似乎根本不是一个障碍。根据粗略的数据统计，全世界每天有 3000 万[①]个 PowerPoint 演讲文件被制作，这也从另一个侧面表明制作一个幻灯片演讲是多么容易。

然而，把商业领域里不成功的沟通怪罪于 PowerPoint，就好比把坏演讲出现的原因怪罪于微软的 Word，或是把写不好电子邮件就怪罪于 Outlook 一样。

真正的责任显然在于坐在电脑面前的人，因为这个人没有能力去理解、创建一个有影响力的可视化演讲所需的技能。

① 这一数字没有人能够证实，但这一猜测还是很可信的，因为这是我们根据全世界安装了 Microsoft Office 软件的个人电脑数推断而来的。

谜团 2：一个演讲就是一页页的幻灯片

相信大家都遇到过这种情况，那就是一个同事——甚至是一个某一职位的候选人让你把幻灯片发给他们，并认为这些幻灯片就是“演讲”本身。

在你们阅读这本书的过程中，你们会逐渐明白，一个演讲是由许多东西组成的，而其中最重要的是演讲人。把一套幻灯片发送给一个候选人就好比仅仅是把你的网站上或宣传册上的图像发给别人一样。图像若没有了文字不会有任何意义，而这些文字应该来自你——演讲人。

这种思维方式所带来的最负面的结果之一是，人们创建幻灯片为了两个目的：一种是把幻灯片当作是一种可视化的提示来提醒演讲人（这中关于 PowerPoint 的认识其实是正确的），另一种是把幻灯片当作是放在身后的文本，也就是说让充满解释性文字的幻灯片本身来充当演讲人。这两种都会导致失败的演讲。演讲人仅仅是呈现了一系列的文本，而忽略了图像的影响力。所以请注意不要在幻灯片上填入太多的文字（我们都知道这样做不好，对吧？），文字中所能承载的信息是有限的。

太多的文字对听众产生的影响是显而易见的：听众们面对如此之多满载文字的幻灯片，同时还要聆听演讲人的讲话，这样一来，听众既不能专注地听，也不能认真地读完幻灯片上的文字，最终的结果就是听众们的脑袋开了小差。关于这种现象，科学界有一种解释叫作认知负荷理论（Cognitive Load Theory），用通俗的话讲，就是指人类不适合在同一时间做一件以上的事情（虽然说这不是什么爆炸性的新闻，但是如果有需要的话，在晚餐聚会时插些话也无妨，谈论一下也没什么）。

在演讲的世界，任何妥协都有代价。把幻灯片当作演讲本身的代价就是听众们会感到困惑，不理解，参与程度很低，而这很显然不是我们希望的结果。

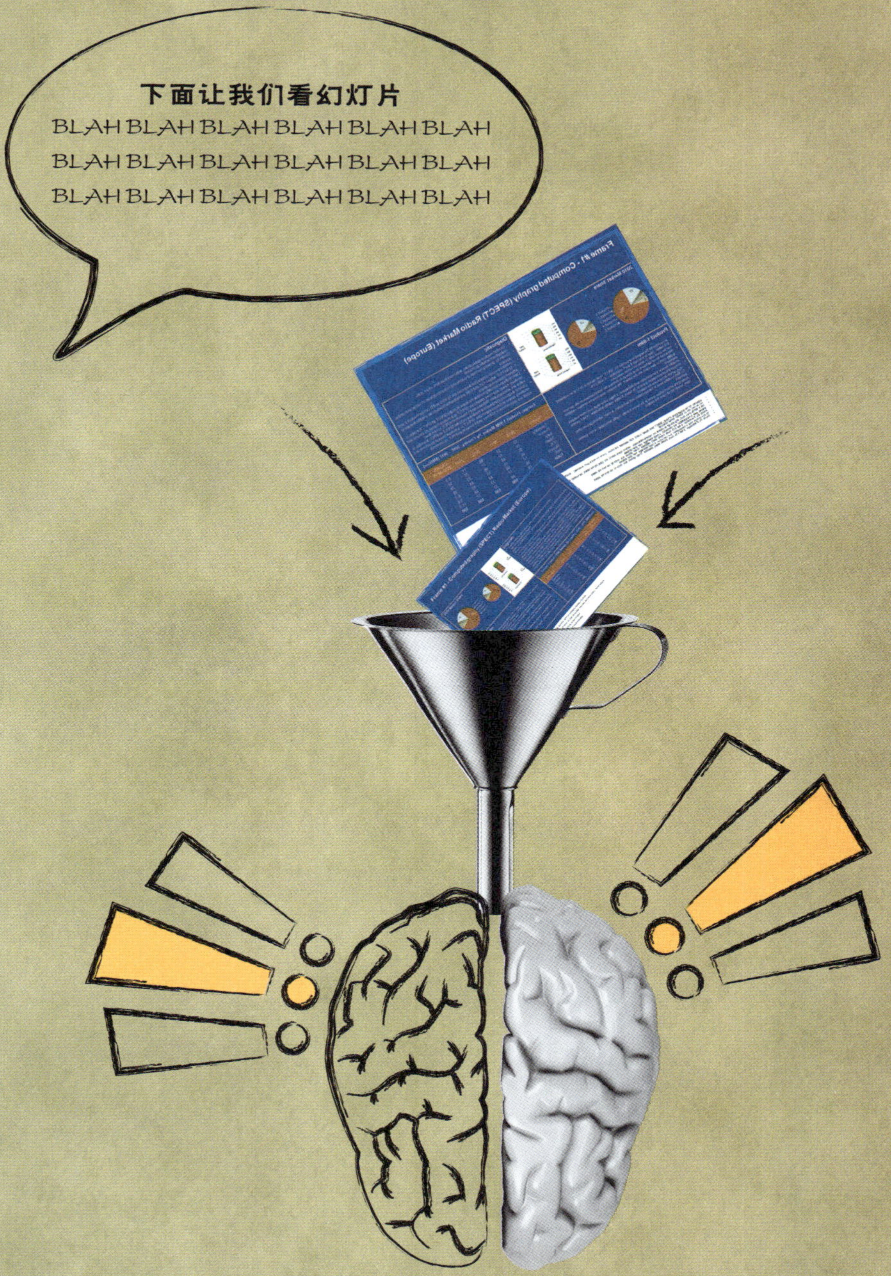
下面让我们看幻灯片
BLAH BLAH BLAH BLAH BLAH BLAH
BLAH BLAH BLAH BLAH BLAH BLAH
BLAH BLAH BLAH BLAH BLAH BLAH

谜团 3：演说之禅 / 幻灯片版式

我想在这里蹩脚地引用一个大家都熟知的谚语："影响力越大，你的责任就越大。"幻灯片设计领域的教父加尔•雷纳德（Garr Reynolds）在 2007 年发布了他的著作《演说之禅》(*Presentation Zen*)，立即在国际社会引起了轰动。终于有人撰写了一本关于幻灯片设计的参考书，既不谴责 PowerPoint 的使用，也不大量地讲述复杂的幻灯片制作。

干得好，加尔。

毫无疑问，加尔•雷纳德改变了人们对于演讲中图像的看法。然而，这种书通常会有一个问题，那就是由于人们的误解和快速阅读，有很多人忘记了加尔的理念的前提是什么。

应该引起人们警惕的一点是，幻灯片演示已经被"禅化"了，而演讲人并没有真正理解其中更精细的细节。使用非常漂亮的照片、高像素的图片，并没有为故事本身添彩（虽然这些图像本身非常漂亮、吸引眼球），这一点就表明了演讲人只是看到了书中的文字，而没有理解加尔真正重要的观点是什么。大多数人都在一些图像素材网站如 Corbis 和 iStockphoto 上搜寻大自然的照片、水的涟漪、堆在一起的鹅卵石等，而忽略了图像在演讲沟通上起到的真正作用。

同样，随着几年前 Wordle 软件的推出，很多幻灯片都变得设计得很好但最终缺乏实际效果。

如果你还没有试过使用 Wordle 软件，那么我强烈推荐你试一试。使用 Wordle 非常有意思，花很短的时间就可以做好，它能够把很多的文字用一种很艺术的方式放在一个幻灯片里。

下面这张图就是在我们的博客上用 Wordle 做出来的效果：

看上去不错吧？但问题也在这儿。虽然用 Wordle 软件做出来的效果看上去很好，但是除非你想强调“幻灯片”这个词是你搜索时的关键词，否则，它对你的用处不大。用 Wordle 做出来的文字打印成海报或是作为博客里的插图会很好看，但在演讲中，它除了让听众停止听你的演讲，花费时间试图去阅读那些花哨的文字之外，并没有什么实质性的作用。

相比内容，更加注重形式是行不通的。

谜团 4：10/20/30 法则

10/20/30 法则是由盖川崎（Guy Kawasaki）创建的。盖川崎先生是一个极其聪明的人，在他的领域里取得了很多不可思议的成绩。然而，他关于幻灯片演讲方面的看法却有些过时了，且限制性过大，并且基于一个假设，那就是所有的演讲都要有一套幻灯片。这一点随着大家对本书的阅读，会发现其实并不应该是一个必要前提。

盖川崎从事的领域是风险投资，在该领域时间就是金钱，且人们的耐心通常会很短。基于这两点，他和他的同业人员根本没有时间聆听那些夸夸其谈、不能一针见血的演讲。这就让他和我们拥有了同样的看法：我们不想让一个不能直指核心的演讲来浪费我们的宝贵时间。下面让我们看一下 10/20/30 模型是什么：

法则 1

每套幻灯片最多不能超过 10 张

到目前为止，盖川崎创建的理论中有些元素对我来说还是很适用的，我很喜欢开篇一上来就直接进入主题。虽然这并不是什么非常革新的观点，但这改变了商业领域里幻灯片演讲经常使用的一些程式化的演讲开始方式，如“我们的企业有多么大……这是我们公司总部的照片”等。

但我还是有一点不同意见：严格地要求不能超过 10 张幻灯片未免有些限制性过强。这样做很可能不能保证你的信息能够充分地得到传达，这和把幻灯片做得又多又复杂一样都可能会产生负面的结果。“少就是多”是一个很好的准则，但不要过于拘泥于这一点，从而阻碍了你的演讲。

法则 2

演讲不要超过 20 分钟

同样，这对那些准备 60 分钟满满当当的演讲来说是一个很好的建议。然而，这对其他的演讲形式来说并不适用（并有潜在的负面效果）。我们在书的后面会提到，很多的演讲早已不是传统的“我说，你听”的类型了。一个充满激情又很有带入感的对话如果能够超过 20 分钟，则说明这是一个非常有成效的演讲。

法则 3

使用 30 磅大小的字体

如果 PowerPoint 和 Keynote 有一个功能来强制性地实践这一法则从而彻底改变那些用很小的字体让听众们费劲看幻灯片的演讲人就好了。但光是一个关于字体大小的法则还是不够的。把你的文本字体放大是一个很好的开始，但如果你所做的仅仅是把很多文字的字体调大了的话，这还是不能够解决根本的问题——演讲人忘记了把图像看作他们演讲的一部分。如果制作 PowerPoint 唯一的目的就是来使用大的字体，那么把这些文字打印出来分发给每个听众不就好了吗？

准则 4
没有准则

准则 5
见准则 4

盖川崎提供了一些很棒的有关幻灯片演示的建议，但正如他教授的原则一样，人们需要看到基本“准则”之外的准则。然而，问题在于人们在理解盖川崎的话时脱离了其适用的语境，忽视了他的准则所适应的某一特定的演讲环境，即风险投资领域，而是把他的准则应用到了所有的演讲环境。其结果是，有些人在做内部交流的演讲时，也使用了设计百万美元投资的演讲时十分疯狂的演讲方式。

撰写本书这部分的目的不是要让大家看清这些谜团是不好的。事实上，这些谜团背后的理念都是为了帮助我们制作出更好的演讲。但问题在于这些理念在被应用时变形了。他们被错误地理解，错误地用在了那些本不适用的领域内。

最后，亲爱的读者朋友们，我想告诉你们的是，制作幻灯片演讲没有万能的灵药（我们已经看到了，确实如此）。所以要想成功，就必须让自己拥有正确的工具、正确的知识，最重要的是，拥有清晰的头脑，把你当前十分平庸的演讲一步步地优化，最终走向完美。

基本工具

B

Element A **B** C D E F G H

THE PRESENTATION LAB

灵感的力量：从平庸到良好到最优

B1

Element A **B** C D E F G H

无论你读过多少书，报名参加过多少次培训课程，或是观看过多少 YouTube 的网络课，没有什么比一个绝妙的灵感更能让演讲一下子变得与众不同的了。

若没有了灵感，你所做的其他工作都没有意义，就好比是给一头猪涂口红①，或是重新布置泰坦尼克号上折叠帆布长椅的位置。

没有灵感的演讲注定要失败。

但好消息是，你下一个演讲的灵感无处不在。看看周围吧，有太多太多的东西可以成为一个绝妙演讲的催化剂。

可能某人随口的一句评论就激起了灵感的火花，也许只是在城市中无意看到了坐在前面的乘客正在读的报纸上的某篇文字，就让你突然想到了个好点子。灵感的来源可能是完全非商业性的，如一个电视节目、一张家庭照片或在广播里听到的一则笑话或一首歌。

你演讲的灵感来自哪里一点都不重要，重要的是，当你获得一个灵感时你如何应对它。

一个优秀的演讲绝大部分要靠好的灵感。在我看来（我的观点是建立在对很多重要的商业演讲的研究和学习上的），只要你有了一个好的灵感，你就完成了 85% 的工作。

① 意指为了欺骗或者诱惑他人而把某件事物粉饰得更有吸引力，但实际上是换汤不换药。

INSPIRATION
THE PRESENTATIONLAB
有了灵感
I

但不好的消息是，剩下的15%需要大量艰难的工作。我是说真的要投入很多工作。然而，这剩下的15%的努力却是至关重要的。它能够把一个平庸的，甚至是很差的演讲（我们每天都会看到的那种演讲）变成一个非同寻常的演讲——一个最优化的演讲。

15%的努力就能起到如此大的作用，但这并不意味着需要了解PowerPoint、Keynote或是其他大量酷炫的幻灯片软件的很多知识。

这15%的努力也不需要你成为一个激情洋溢的演讲人，更不需要你拥有任何的大学学位或营销方面的学位。

每一个商业演讲人都可以好好利用这奇迹般的15%。你已经拥有了所需的配料，如果没有获得配料，你也可以轻而易举地通过有效地整理你的时间表，通过以下几点的优先顺序来获得：

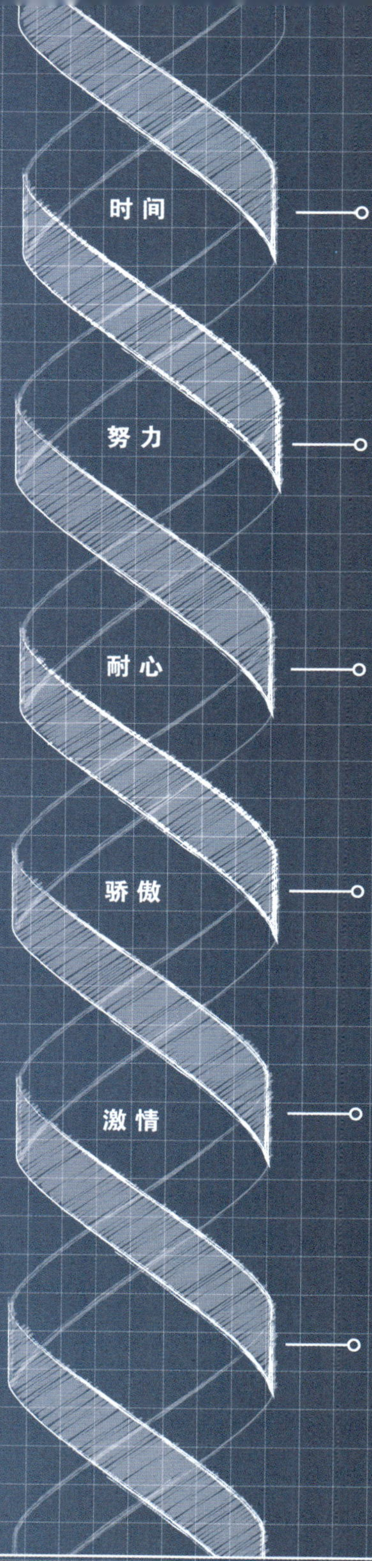

如果你下定决心要让你的演讲与众不同，那么就要做好花很多时间的准备。

深入挖掘是成功的关键。

正如前文所说的，没有制作一个完美演讲的万能灵药。

很重要的一点是，要学会时不时地退后一步看一看你的项目，获得一些其他角度的观点。

激情是能够让你在最困难的时候坚持住的燃料，它能够为你最终完成的演讲添加一抹色彩。尽可能多地挖掘和利用你的激情吧！

坚持实用主义——这个过程需要你在真正获得一些好的东西之前犯些错误。

通过使用这本书中的想法和方法，你将经历一个演讲优化天平，一步步使演讲最优化。你能够以最强有力的方式让听众参与其中，最终让他们做出改变，改变他们看待事物的方式。

子弹头列表过时的剪贴画过多的动画

有良好结构的故事
使用图片而不是文字
把 PowerPoint 当作工具，而不是拐杖

强有力的信息有价值的图像和引人入胜的内容
混合工具箱

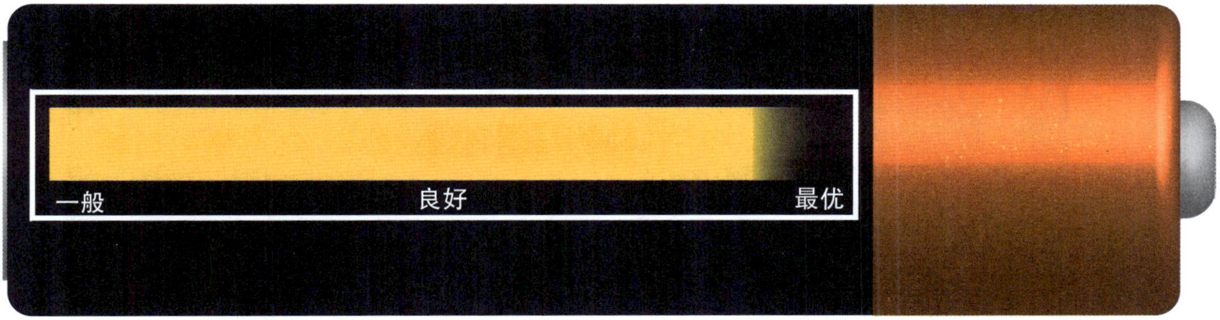

想要拥有一个真正最优化的演讲，你可以使用不同的方式来进行演讲，彻底改变现有的演讲模式。

现在，听众参与度上升了一个等级，影响听众做出改变的能力增强了，所有你为了演讲而付出的努力都有了回报。

让我们一起变得更优秀吧！

THE PRESENTATION LAB

科学的应用：初学者指导

B2

Element A **B** C D E F G H

关于演讲以及演讲和人类大脑最深层次的工作机理之间的联系，已经有很多人撰写了著作。但很多幻灯片演讲专家很有可能最终陷入了复杂且有时令人困惑的科学世界中。

对于那些渴望对科学有所了解的人，下面有几个已经被很多人实践过的道路以供参考。

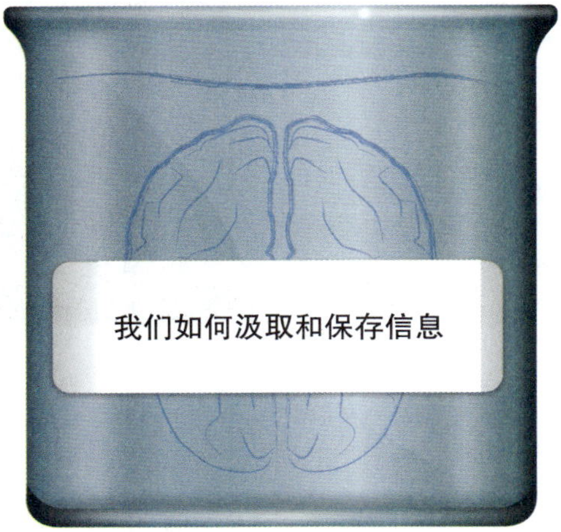

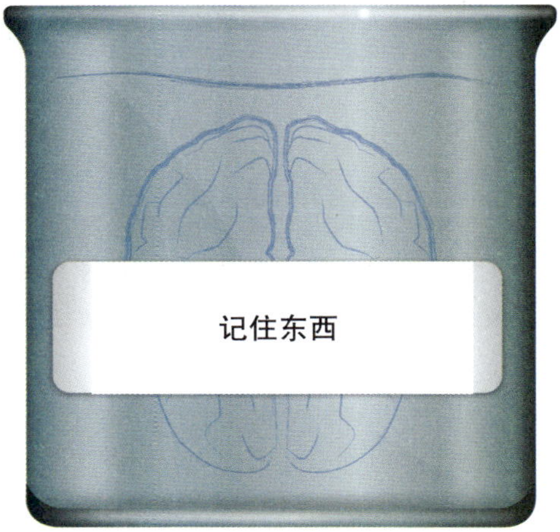

心理学荣休教授艾伯特•梅拉比安（Albert Mehrabian）估计是该领域被人引用最多的专家了（见37页介绍）。梅拉比安教授关于口头和非口头信息的重要性的研究能够解释很多人们觉得理所当然的问题。

德国心理学家赫尔曼•艾宾豪斯（Hermann Ebbinghaus）在该领域做出了很大贡献（见37页介绍）。他关于人类记忆力的理论让我们了解了人们在忘记别人讲话内容时有多么迅速。

加州大学洛杉矶分校心理学荣休教授艾伯特·梅拉比安

梅拉比安最出名的理论是经常被人们错误引用的 7%-38%-55% 法则。梅拉比安的研究结论是，在我们感觉是否喜欢某个人分享的感受时，有三个重要因素在起作用。使用的语言占 7%，语调占 38%，剩下的 55% 取决于肢体语言。

然而，随着时间的推移，这一准则逐渐被人们误用了。其初始的关注点是是否“喜欢”，而现在该准则则被人们当成了演讲专家们解释一张幻灯片上过多文字会起到负面效果的科学依据。

梅拉比安的理论最有价值的一点其实是，交流绝不仅仅是使用的文字，它也包含了视觉和听觉上的感受。

赫尔曼·艾宾豪斯（1850–1909）

艾宾豪斯最著名的成就是他提出的叫作“遗忘曲线”的假设，该假设描述了人类大脑对新事物遗忘的规律。

重要的是，对于所有的商业演讲人来说，艾宾豪斯同时指出了人类的记忆力好坏程度也受记忆内容重要性的影响，即该事件的意义有多大，是如何被分享给听众的。艾宾豪斯还提出，使用记忆术和不断重复能够提高人类的记忆力，这一点尤其引起了学术圈的重视。

正如你们可能从本书的字里行间感受的一样，我对大多数人用来提高幻灯片演讲所利用的科学都持怀疑态度。这种怀疑态度对一个把他的书称之为“演讲实验室”的人来说，听上去有些奇怪，但请相信我这样做是有原因的。如果我们能够理解科学，并使用得当，那么科学会成为供我们使用的极其有用的工具。然而，如果我们不假思索地盲目使用，而抛弃了一些基本的常识，往往最终得到的是一个毫无新鲜感、又让人不知所云的演讲和故事。

我见过一些公司所做的演讲，使用了所有的科学理论，结果却非常糟糕。我猜这也就是为什么电脑永远不可能创造出真正的艺术（如诗歌、音乐）的原因。我们永远不可能在艺术中去掉人的元素。同样的道理也适用于演讲。

电脑也许能在任何时候都比人类反应快、能力强。尽管人类有各种的不完美，但电脑永远不可能像人类一样，创建一个能够引起听众共鸣，让听众参与进来的故事，不管人类有多么的不完美。

先把怀疑放在一边不谈，我发现了一种叫作“演讲优化理论”的理论，过去的 9 年在我们和不同客户工作的时候起到了很好的效果，而这一理论是基于很多不同的科学研究而来的。

这些科学演讲中最相关，也是最容易被应用的是一个由美国心理学家和神经科学家、作家和教育家史蒂芬·科斯林（Stephen M. Kosslyn）发现的，叫作“8 个认知交流原则”（名字听起来很酷吧？）。这项研究一开始的目的是理解和分析 PowerPoint 以及其他制作幻灯片软件的缺点，但它最终提供了一种方法，可以把一些科学研究应用到“演讲优化理论”最重要的三个阶段。

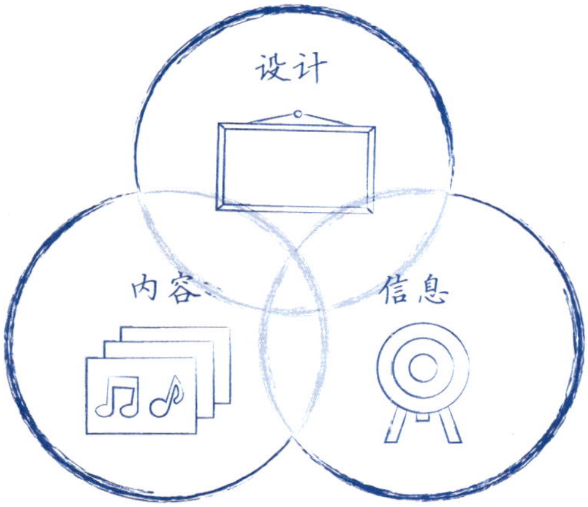

我们会在本书的后面再回到这一话题。

在演讲中应用科学研究的真正目的是什么

我自己思考这个问题很多遍，并且每次都会得到几个相同的结论，我会在下面详细解释。

没有必要从实验和失败中学习

需要明确一点，所有的演讲都应该符合心理学的指导原则。毕竟，演讲科学仅仅是记录我们通过一个演讲人和他使用的演讲工具来吸收信息的过程。所以，使用这些科学依据意味着我们正确的时候比错误的时候多，是不是？在演讲中运用科学研究是否会让你的下一个演讲更容易达成目的——也就是说，是否能够让听众立即理解你要传达的信息，并最终做出有效的行动？如果真是这样，那么继续使用科学研究吧，你将获得成功。但就我个人的经验来看，要想达到这一效果是很不现实的。这就好比通过读书来学会骑自行车一样。无论你对骑自行做了多少理论研究，你还是需要实践，摔几次跤才能学会。换言之，单凭科学研究是不可能代替实践的。

更重要的是，演讲是关于将人与人连接起来一门艺术。科学能够给予的所有法则也好，建议也好，都不能保证能够激发出演讲人和听众之间的火花。一个伟大的演讲之所以伟大，是因为它让演讲人和屋子里的人产生了共鸣。这和作家、电影导演和音乐家的工作一样，他们之所以能够引起观众和读者的共鸣，绝不仅仅是因为做了大量的心理学研究。

原因

毫无疑问，如果你能展示一个新概念的价值，尤其是通过引用客观且令人信服的证据，那么把这一新概念卖到一个行业里就容易得多。这也是科学对热忱的演讲思考者和传道者的作用和意义。

我们对这一点不能视而不见。在阅读完本书后，我希望你能采取一些行动，而这些行动可能会让你觉得不舒服。你们的 CEO 使用新的演讲方式，如企业故事讲述（Corporate storytelling）、混合式演讲（Blended Presenting）等，可能会让你们觉得紧张、不适应。毕竟，那些 CEO 们很可能已经适应了你当前制作的幻灯片（嘿，这些幻灯片很可能就是他们当初自己做的！）。这些 CEO 们也许会认为这种新型的演讲方式对他们或整个企业来说有些太花哨、太过浮夸了。

但如果你能在方法中加入一些科学理论的话，那么向这些超级聪明又有很大影响力和权力的人来分享你的理念就会变得十分迅速、容易得多。在看到你引用的大量科学研究和文献的超长（通常也很无趣）清单后，你的 CEO 基本会让你按照预定的方式来继续你的演讲。

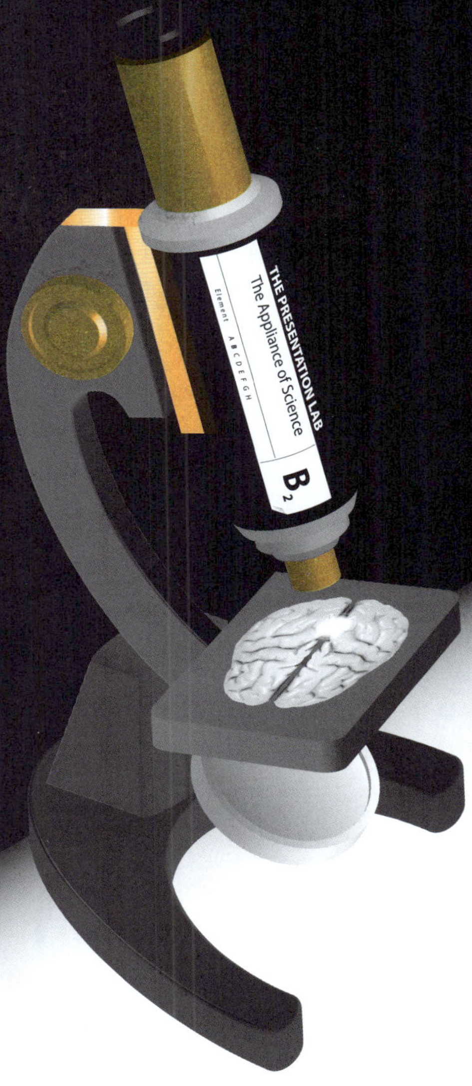

结论

无论引用科学研究来支持演讲的原因是什么，请不要认为只要使用了所有相关的研究理论，就能保证你可以创造出一个让听众爱听，影响他们作出行动的演讲。要记住影响听众才应该是演讲的首要目的。

THE PRESENTATION LAB

商业故事讲述：有什么好大惊小怪的

B3

Element　A **B** C D E F G H

65%

生活中 65% 的时间里我们都在用非正式的方式谈话，谈话的内容都是谁对谁干了什么事……

罗宾·邓巴（Dunbar，R.）
《美容、八卦以及语言进化》
（*Grooming*，*Gossip*，*and the Evolution of Language*）

清晰、有吸引力且最终成功的商业交流是至关重要的。它能让整个商业运转起来，否则一切将停滞不前。

我曾在我自己的企业中见到过。有一段时间内，挑剔的客户、不断更改的需求，以及越来越紧的时间让我在 Eyeful 的工作不再那么有趣。

而这一情况影响到的最直接的一点就是沟通。现在回过头看，当时已经有很多征兆了。人们开始越来越依赖电子邮件，而这导致人们经常地错误理解了他人的邮件，这样一来出现了更多紧张的交谈。最终的结果是，在很短的时间里，企业中关键的人员彼此之间没有真正的沟通。这太可怕了。

我知道我必须解决这个问题，因此我使用了讲故事的方法。

我们的员工散落在全世界各个地方，因此除了使用视频会议，没有其他方法。这并不是我喜欢的演讲方式，但需求迫使我们不得不这样做。

我没有使用任何幻灯片，没有任何视觉上的工具。我还为整个会议规定了 10 分钟的时间限制。

一开始，我先感谢大家来参加会议，并回顾了 2004 年企业刚刚成立时的理想：那就是建立一个团队，这个团队能够为世界各地的客户提供最好的演讲服务，而且这一团队是由一群非常有才华的、有想法的人组成的，在这一团队里，每个人都能感到自己是被尊重的、有价值的，并且感到自己参与到了企业当中。

我之后讲述了我们如何劝说一些长期的团队成员在一开始的时候加入我们的故事。萨利——通过在伦敦的一家廉价披萨店里的谈话，利兹——通过一系列奇怪的谈话，还有当维姬第一次来到公司的时候，看到我的狗在地板上小便……我谈到我们每个人在搬到公司总部 Eyeful Tower 时所感到的兴奋之情，我们自己独创的新颖的服务器，以及每当赢得一个新的客户的时候所有人感受到的喜悦。

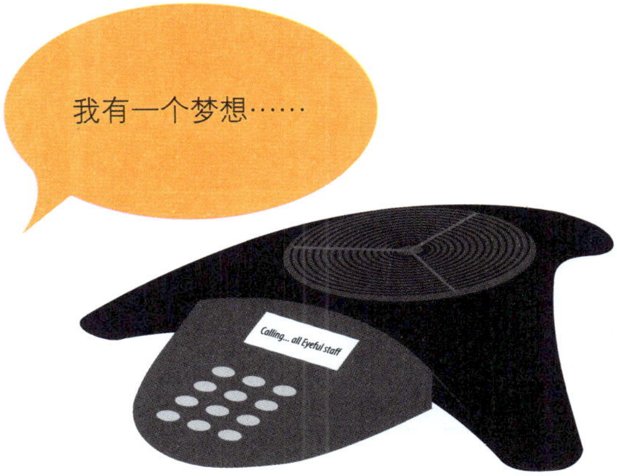

我特别强调了这些每天发生的事，是它们决定了我们的企业文化，使我们的公司成为了一个特别的地方。客户经常对我们说他们能感觉到我们不但帮助了他们，也在彼此帮助。我们简直就像生活在梦里一样。

之后，我讲了几个关于当前出现的问题的故事。一个团队成员因为从同事那里收到了一封愤怒的电子邮件哭了；一个成员因为不切实际的工作期限而变得没有动力。一天早上，当我踏进办公室的时候，突然察觉到公司正在逐渐变成其他“正常”的企业，我感到一丝恐惧。

所以说，我在会议上的演讲不过只是几个感情真挚的故事……

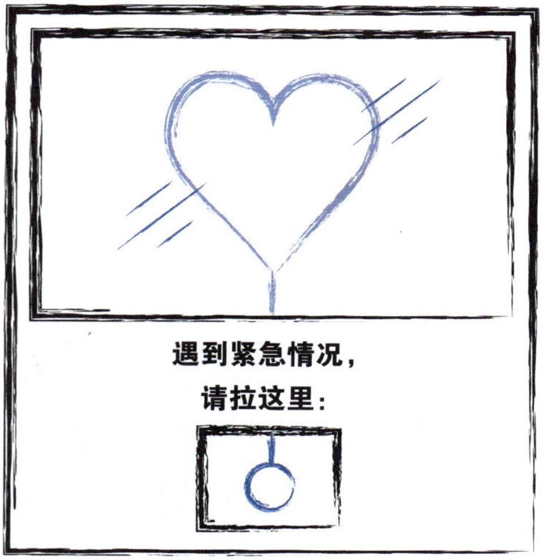

说实话，我选择的故事都是能够拨动听众心弦的故事，且让他们感受到了我所感到的痛苦和失望。请不要忽视我选择分享的故事的真实性和重要性；这些故事能立即引起每一个听众的共鸣。故事中所传达的失望情绪让员工们开始反思，行为的变化如何影响了企业文化，以及影响了同事和朋友的幸福感。真情实感的力量是巨大的。

我没有使用一张幻灯片，却在那次会议上触动了每一个人，并且影响大家今后作出积极的改变。直到今天，人们还经常提到当年的那次演讲，它成为我的企业发展的一个关键转折点，而那次的演讲依靠的就是讲述真实的故事。

商业故事讲述：弄清你的故事

B4

市面上有很多书能够告诉你如何讲一个故事，但大多数的书都非同寻常地复杂，相当令人费解。

大体来说，故事不需要很复杂。

一个好的故事只需要有一个明确的结构，能够引起人们的兴趣，故事要能够激发出足够的情感和参与度让听众一直听下去。

让我们看看故事结构的一些最基本的要素：

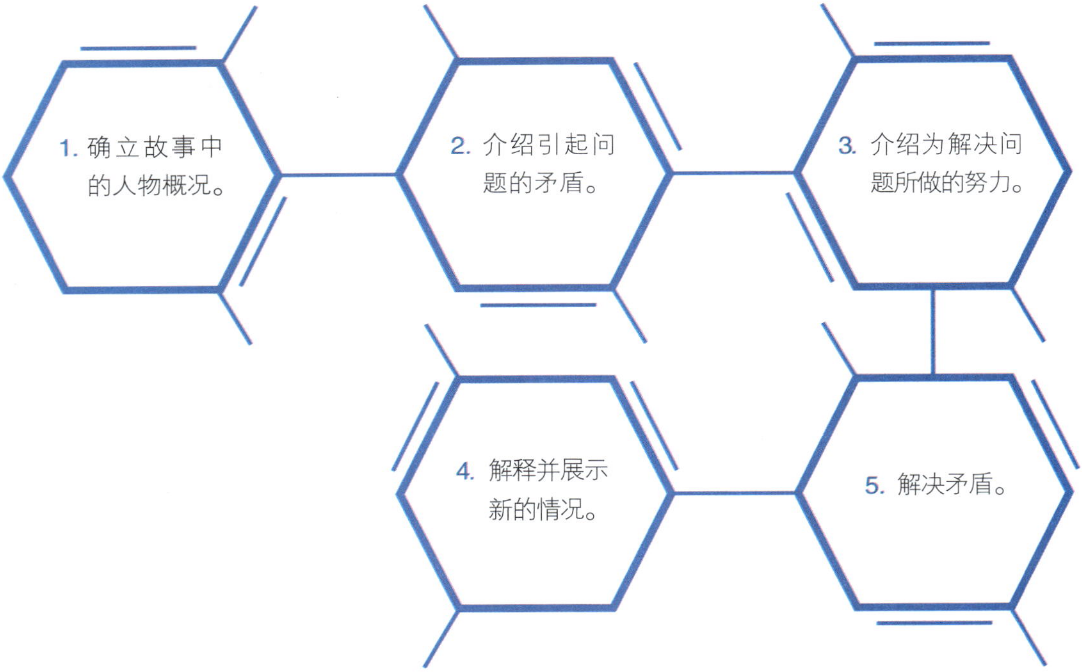

广告商用这一方法很多年了，并且仍在这样做。下一次当你观看电视广告的时候，注意看一看这一模式是如何使用的吧。

让我们看下面这个洗发水广告。

1. 介绍一个典型的20岁左右的女孩，一般会是在滑旱冰，或是和朋友在一起。
2. 切换到这个女孩晚上面对她乱糟糟的头发焦虑烦躁的情形。
3. 切换到“科学部分”，解释洗发水制造商正在努力解决这一问题。
4. 显示女孩购买并使用这一神奇的洗发水。
5. 突然间，女孩又一次容光焕发，她滑旱冰的技术也明显有了长进，她也有了更漂亮的朋友。

虽然这个例子有点半开玩笑的性质，但你可以看到同一结构是如何在不同的场景和领域使用的。

你可以在商业环境中使用无数种故事主题，从最天马行空的到最平庸的都可以，但请切记一定要是相关的。这里选出了一些我个人最喜欢的主题：

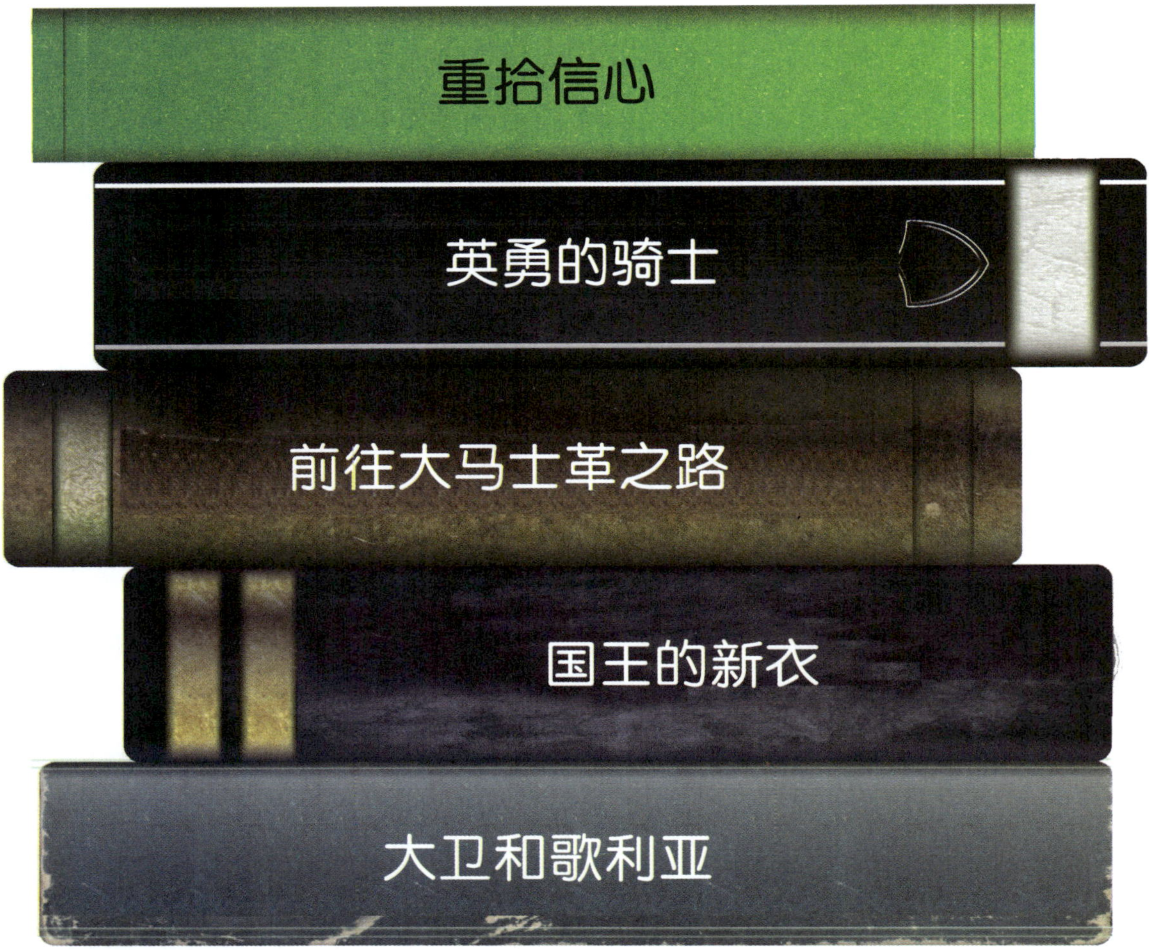

	综 述	例 子	使 用
重拾信心	一个大胆的人或公司遇到了挫折，但泰然处之，最终积蓄能量赢得胜利。	乔布斯在被他自己创办的苹果公司解雇后，通过自己的努力几年后又再一次引领苹果公司。	用来鼓励一个团队重新挖掘激情并最终胜利的情况下使用。
英勇的骑士	一个企业或个人发现了一个问题，并决定做些什么来解决，通常是一些惊天动地的大事。	英国的雷明顿“剃须之王”系列在男性化妆品领域挑战吉列公司和威尔金森公司，或是理查德·布兰森（Richard Branson）的维珍航空公司和那些知名的航空公司、银行和软饮料制造商的竞争。	用来发展一项新服务或改进一项现有的服务。
前往大马士革之路	企业版的“恍然大悟”，用不同方式思考和行动。	可以是以重工业为主的企业从开始制造污染到最后保护环境，也可以是一个想要创新开展新业务的银行。	建立一个大胆的、全新的战略，有信心看到这个战略取得成功。

	综述	例子	使用
国王的新衣	使用一个有关企业文化太过强大的例子，实行改变几乎成了不可能的任务。	3M公司的Post-it便签纸完全是偶然发明出来的，一个人看到了它潜在的价值，并且没有对这项不起眼的发明置之不理。	尽管面对企业中的种种限制，仍然鼓励新员工和合作伙伴开拓创新，用不同的角度思考问题。
大卫和歌利亚	一个小企业或一个个人接下了一项巨大的任务，并通过努力、强大的决心和技巧最终取得了胜利。	苹果公司通过强大的决心和努力对唱片工业和电话行业进行创新（当然还有iPhone）。	向一个失去信心的听众展示努力和信念是有回报的，不仅仅能够改变一个企业，而且可以改变某一个行业。

单子可以很长，重要的是，要记住不要把这些主题限制在商业环境里，一些最有意思、最引人入胜的故事往往来自你的童年或家庭生活。如果这些故事能够支持你的信息，不要忘了使用它们。

你的听众值得听到你准备的最佳材料，所以不要不好意思，使用你故事讲述武器库里的所有武器来传递你的信息吧。

"世界是由故事组成的，而不是原子。"

穆里尔·鲁凯泽
（Muriel Rukeyser）
美国诗人，社会激进分子

介绍演讲优化理论

B5

Element A **B** C D E F G H

创作演讲过程中最重要，但也往往是最没有意思的一个阶段就是准备阶段。提早做好准备至关重要，若没有必需的准备工作，你的演讲最终会走向失败。

在 Eyeful Presentations 公司，我们使用一种叫做“演讲优化”的方法来确保不会丢失任何重要的内容，或跳过任何重要的步骤。“演讲优化”方法是经过多年的实践和研究发展而来的，我们会经常对其进行检验、改进，从而确保对我们的客户和咨询者来说这始终是一个有价值并且可行的方法。

我还记得在 Eyeful 成立的最开始阶段，在经过了很多次紧张的测试后，“演讲优化理论”是如何形成的。

想象一下这个场景：

很多年以前，有一天我接到一个来自世界级连锁酒店的电话。那时 Eyeful 刚刚成立不久，很少有客户打来电话，更别说是国际知名酒店打来电话了。尽管如此，我还是装作每天都会接到此类电话的样子拿起了电话。

电话那头是个很友善的家伙，充满激情，非常投入地向我解释了他的项目。他的连锁酒店正在扩大他们酒店分店的网店，并且已经制作好了一个幻灯片供他们的管理团队使用，从而吸引更多外部投资。尽管幻灯片从审美上做得很养眼，但效果却不如人意。

于是我让他把幻灯片用电子邮件发给我，告诉他我会帮他看一看，并给出一些想法和建议，也可能在下周的某天到他的办公室一起谈一谈。谁知他告诉我文件太大了以至于不能用邮件发送，所以他找了家快递公司把它送到我们的“工作室”（估计当时他并不知道我是在牛津的一条很“郊区”的街道外的一间小卧室和他谈话）。

之后，我竭尽全力把公司的所在地布置得像个“工作室”。不久，快递员到了，呈上一个包装精美的CD。

带着极度的紧张感，我在电脑中打开了CD。我的屏幕上出现了一张张美得不得了，几乎无可挑剔的幻灯片，所有的艺术效果和动画都近乎完美。我的脑子里当时在想两个问题：我能为这件杰作增添什么价值呢？和他见面时我还能提出什么建议？

当紧张和恐惧感退去之后，我再一次把这件幻灯片艺术品仔细地看了一遍。这一次我开始发现了需要稍作改动的几个地方。这几个地方都和整个幻灯片的设计没有关系，却和整个故事的内容和传递的信息相关。

总结一下他们的故事基本上是这样的：

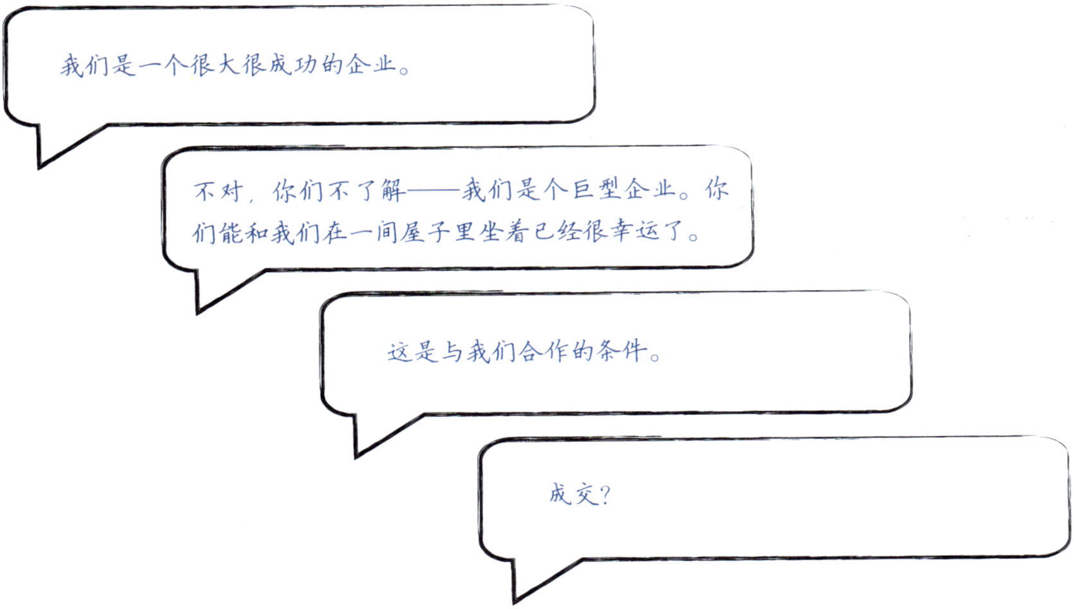

他们传递信息的方式再糟糕不过了。一开始先摆出一个企业结构图，里面重点介绍公司里最重要的人物（附带图片和用显微镜才能看得见的文字介绍），接着是一张张幻灯片介绍那些企业里的成功人士及他们的业绩。

没有一张幻灯片提到了同样成功的听众们需要解决的问题，以及他们将拥有的机会和他们的期待！我越仔细看，越发现这些天花乱坠的幻灯片简直就是一场灾难。一想到那即将到来的会面，我的心情也从一开始的紧张与恐惧变成了激动和兴奋。

终于，拜访酒店总部的那天到来了。我适当地做了准备，期待着和他边喝咖啡边谈论我的想法和建议，来帮助改进幻灯片。我喜欢的是非正式的会谈，甚至根本不用手指或任何手势。对我来说，这次的拜访更像是帮助一个新朋友解决他们幻灯片内容中的问题。

结果，我又一次被吓住了。刚到达他们的公司总部，我的联系人就迎了上来，热情地和我握手，并告诉我说："我们在准备会场，董事会成员马上就到。"

倒吸一口冷气。

会场？！董事会？！我可只带了一个随身笔记本电脑，只准备了最基本的一些想法和几张手绘的草稿，除此之外什么都没有带。这是Eyeful刚创建时期，就算他们想要一个真正的演讲，我也没有太多话可说。

进门的时候，我想到了妻子、刚出生的女儿以及需要我用知识赚钱来养活的一家人。屋子里坐着一群表情严肃的中年男子，面前是一个马蹄形的桌子，他们让我准备一下电脑，然后开始陈述我的想法。

"好吧，我想一开始和大家分享一下我对你们所做的幻灯片的一些反馈。"我边说边想，"我能给他们展示什么例子？最近的出口在哪儿？"

我深深地吸了口气，接着开始播放他们当前的幻灯片，同时提出一些我的问题。我问他们是否考虑过听众，问他们为什么觉得用企业结构图作为开始是个好主意。我接着又问了关于听众的几个基本问题。我还强调说，如果听众们幸运的话，他们会被看成是一个大机器上的小齿轮，这个企业的特许加盟部分以照料它的加盟店出名，并且加盟店的利润是非常可观的。

问题一个接着一个，董事会成员开始一脸疑惑（还是不耐烦？），有些坐立不安。最终，董事会中长得最可怕最严肃的家伙把我的提问打断了，用拳头重重地在桌子上拍了一下，大叫一声：

"太感谢了！"

“过去的三个小时里，我一直在浪费时间听一个创意专家告诉我他们如何能改进我们的幻灯片模板和图标，你是第一个指出幻灯片问题的人。”

“我们的沟通方式不对。这个演讲不应该是关于我们的，它应该是关于听众的。”

“你什么时候可以开始工作？”

我马上安排了一个全面咨询的时间，接着以最快的速度走出了房间，找个地方让自己镇定下来。

之后，我们进行了几个工作会议，重新设计了幻灯片（我们都同意简约即是美），编制了一个完全不同的新故事。我很高兴我们的客户的加盟店发展得很成功，在接下来的 9 年里，我们一直和集团里的人紧密合作（包括那些最可怕的成员）。

但最重要的是，通过这次经历，“演讲优化理论”诞生了。我们现在拥有了一种方法，能够让我们从审美以外的角度看幻灯片，直指最重要的部分：信息、有价值内容的使用以及时刻把听众放在首位的需要。

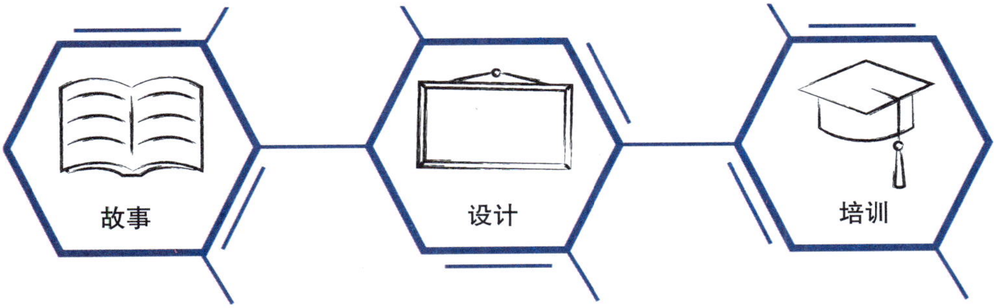

这个方法在之后的几年里我们一直在使用。不管我们的客户是大型企业还是小型企业，不管他们来自哪个国家，无论我们的工作方式是什么——从俄罗斯的工作室（通过一个口译员）到夜间的故事讲述会议——整个方法既稳固又灵活。说实话，我们真的很为它和在过去 9 年里取得的成绩感到骄傲。

虽然如此，但随着新技术、新的外部因素（在线网络、社交媒体作为反馈渠道的出现）和新的经验不断地影响着我们的想法，“演讲优化理论”也会在未来的很多年不断地变化、演变。事实上，我们从这一方法中学到的最重要的一点就是没有什么是一成不变的。

然而，确实有一些永远不变的东西，那就是听众，以及一个有影响力、有感染力的故事。

THE PRESENTATION LAB

演讲的基本元素

C

Element A B **C** D E F G H

THE PRESENTATION LAB

演讲的基本元素

C1

Element A B **C** D E F G H

“演讲实验室”不是我为了给这本书起一个吸引眼球的名字而随便整合出来的一个概念。和发明一种新药一样，创造一个演讲需要缜密的计划，严肃的思考以及周密的准备。除此之外，还必须有足够的控制力来确保所有事情时刻都在掌控之内。

你的演讲中的两个核心元素应该是：

1. 对听众的彻底了解；

2. 明确传递的信息。

如果你能很好地掌握这两个步骤，那么你和你的演讲都会发展得很顺利。如果你急于求成，省掉了这两个部分，那么你的演讲就很可能会失败。

一旦这些元素准备到位，我们就可以开始把演讲内容逐步精细化，改进图像，准备如何向听众陈述你的演讲内容。但这有点儿扯远了，我们还是先关注演讲中最重要的元素吧：听众。

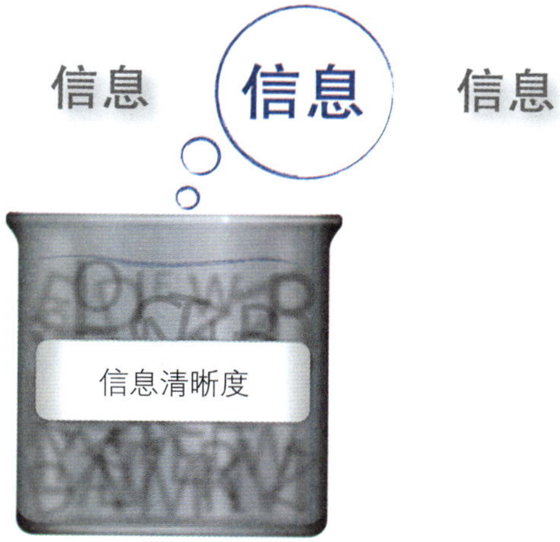

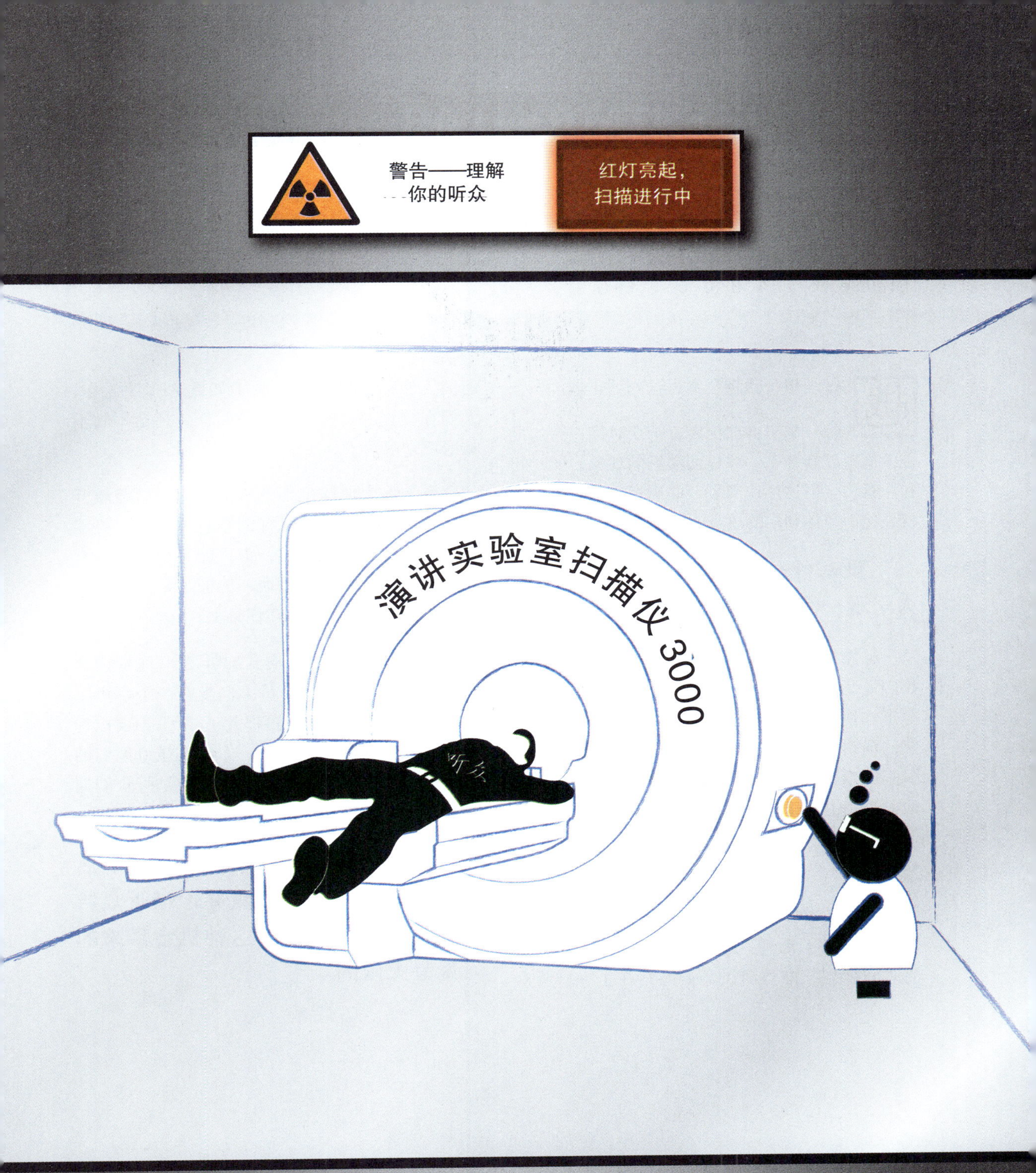

警告——理解你的听众
红灯亮起，扫描进行中
演讲实验室扫描仪3000
听众

THE PRESENTATION LAB

尊重你的听众

C2

Element A B **C** D E F G H

越仔细想，就越会觉得这句话正确。

每一个演讲都代表着听众对你进行的投资。这也就解释了一些显而易见的现象，如时间和注意力。但这还说明了一些更玄妙的东西，那就是他们与你和你的故事建立联系的意愿。

没有什么可逃避的，能够向一群人呈现一个演讲是莫大的荣幸。

虽然很多人都意识到了听众的重要性，但我们还是会经常看到一些演讲人缺乏对听众的尊重。他们仅仅是把事先准备好的一个半生不熟的演讲僵硬地呈现给听众。这种演讲既不能引起听众的兴趣，同时由于演讲人的语调和讲话方式，也会让听众感到无聊。

演讲是一个与个体真正建立联系的绝好的机会。在最终呈现演讲之前，通常需要进行大量艰难的工作（见“幻灯片悖论”）。演讲人花了几个小时、几天、几周，有时甚至是几个月的时间计划、准备演讲，最终站在了一群听众面前。然而，尽管事先做了如此之多的工作，人们在真正获得这一机会的时候，还是不知不觉地把它浪费了。

最大程度地尊重你的听众。他们已经敞开心扉，打开头脑来聆听你的信息。他们很可能根本不需要听你的演讲，很可能有很多其他有趣或要紧的事去做。然而，他们还是选择投入他们的时间、精力，放在你身上。

即使你有一群“俘虏式的听众”（企业内部的演讲是很好的例子，员工们坐在一个小黑屋里，心思却一点儿也不再那儿），千万不要以为他们必须坐在那里。当然，你可以强迫他们的身体坐在那儿，但真正的投入指的是听众们精神上参与的意愿，以及最终接纳你信息的意愿。

你承担不起轻视听众所产生的后果。最佳的选择是尊重并珍惜听众给予你的机会——因为这种机会带来的可能是无限的。

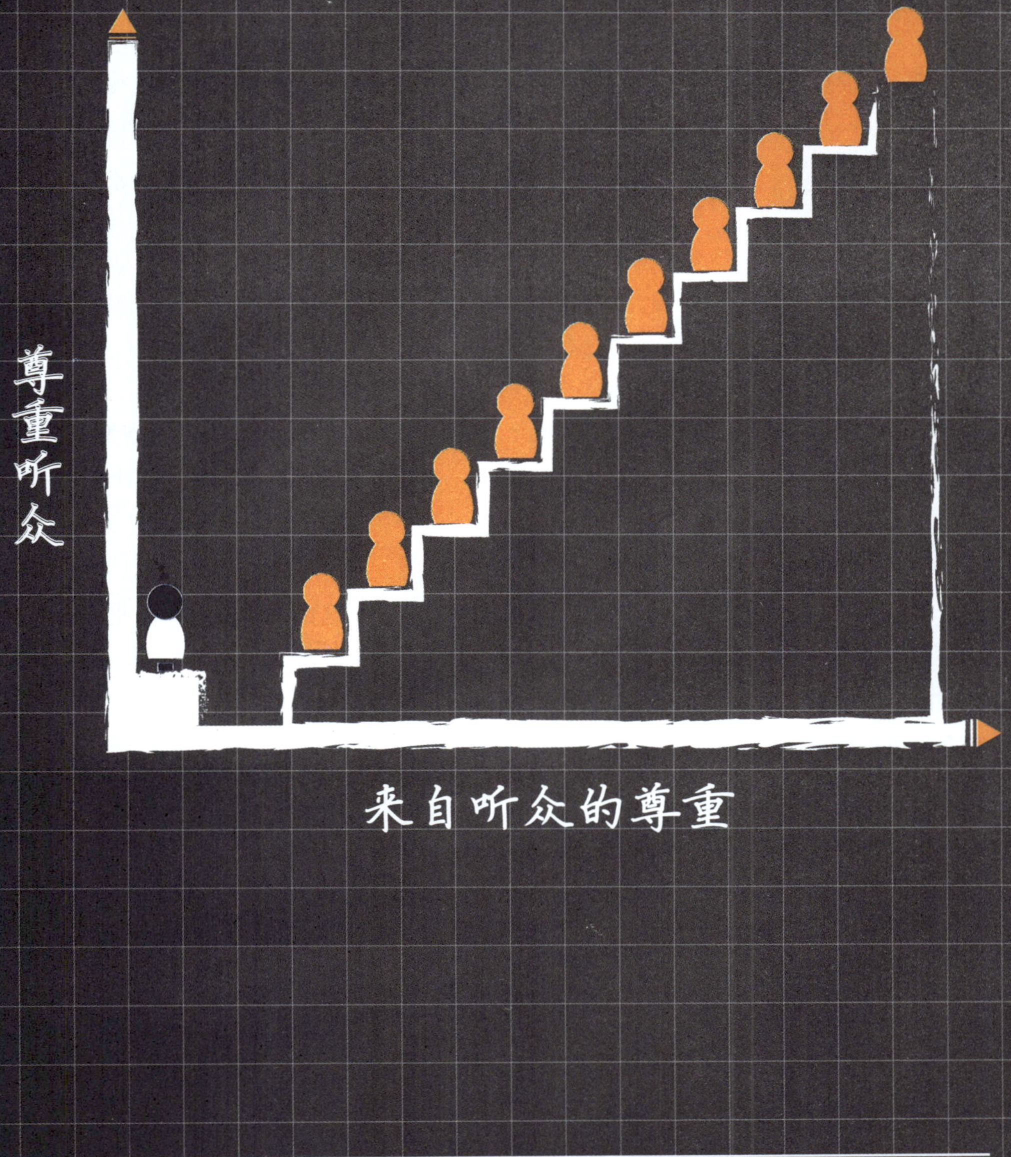

尊重听众
来自听众的尊重

听众：最复杂的动物

C3

Element A B **C** D E F G H

一旦你理解并重视听众的重要性，你就可以开始试着去理解他们，理解他们如何行事。这是一项很难的工作，却能对确保你的演讲获得成功起到极其关键的作用。

每一个演讲都好比是演讲人和听众在谈恋爱。和所有的恋爱关系一样，它也需要“付出和回报”以及情感上的投入，而这些努力必须来自双方才能成功。

如果能把握好这一点，那么作为演讲人的你做演讲时就会得心应手。突然间，你会发现，进入一个演讲是一件很简单又很享受的事。然而，如果你没有掌握好演讲的基调，那么演讲人和听众之间的联系就会瞬间化为乌有。一个听众可以点燃你，但也可以让任何经验丰富的演讲人手足无措。

那么，为什么和听众的互动是人们最担心也是最让人最焦虑的问题呢？其实很简单，归根到底是因为听众是由人组成的。

任何谈过恋爱的人，养育过孩子的人，曾经是孩子的人，都会承认一点：人类是复杂的动物。想一想你的家人、朋友和同事吧，他们天生就是复杂的动物，有不同的想法、背景、年龄、动机和信仰。所以，你演讲面对的听众也是一样的。

尽管这些各不相同的性格会影响你的演讲，但作为演讲人你还是要义不容辞地迅速、有效地和听众建立起联系。这一过程应该是十分令人兴奋的。

而这也让任何一个商业演讲人陷入了两难之地。商业演讲人到底是应该针对每一个演讲，把听众们复杂的性格特点整理出头绪，充分分析演讲的内容、图像，针对每一种听众使用不同的演讲方式？还是应该使用一种最普遍的方法来把听众们当成一个群体，让大多数人能接受他们的演讲？

演讲人最容易犯的一个错误就是认为听众的性格和他们的职位是一致的。而事实是，不是所有的营销人员都是带着滑稽可笑眼镜的小丑，不是所有的 CEO 都是脾气暴躁的暴君，不是所有搞金融的人都是关注细节的书呆子。

虽然说，演讲人这样做的初衷是好的，但最终的结果是他们把听众当成了某一类人（而不是真实的人），而他们的演讲会因此变成老生常谈。我们应该把听众们当成拥有不同性格特点的真实的人来对待，而不是先入为主地给他们分类。

人们通常会假设演讲人在演讲前已经收集了足够的关于听众的信息，而这种情况只有在一个完美的，事先计划得很好的理想环境里才是可能的。在现实生活中，很少会出现这种情况。而与之相反的情形倒是经常出现：演讲的内容只是泛泛而谈，确保没有人会感到不舒服或被遗忘。这就像是制作一个动作电影，但剪掉了其中最激动人心的镜头，从而确保得到一个大众都能接受的分级。总而言之，这是一个很糟糕的方法。

其实，最佳的方法是两者中间的方法。制作一个演讲，考虑听众中不同的性格类型，内容要丰富但也要灵活，才能解决听众特殊的需要，但总的来说演讲要宽泛，可以重复使用。这种方法是最有价值的，对演讲人和听众来说都是如此。这里的价值不仅仅是确保你清晰有效地传递了信息，同时还考虑到了商业演讲中常常被人们忽视的问题：尊重听众。

看到这里，我相信已经有很多人开始迫不及待地想要使用那些心理学的研究理论，如荣格和弗洛伊德等。他们的研究关注的是人们是如何沟通、思考的。理论上来说，我可以用接下来 20 页来讲述人们左右脑是如何工作的，讲述一切关于理性和本能的重要性，说实话，就是写一些让大多数读者觉得一头雾水又无聊至极的东西。然而，“演讲实验室”的目的是教会你实用的技巧，而不是告诉你一些看似有趣却不一定有用的理论。

所以，我更想着重介绍一些简单但有效的方法，告诉大家如何根据听众不同的性格特点而不是职位功能来把他们分类。

极客型

情感型

搞怪型

创造型

严肃型

装酷型

性格类型

从最基本的层次来看，大多数商业听众可以被分为以下三种类型：

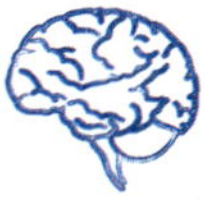

事实型

对此类型的人来说，数据很重要。他们做任何决定都要依据事实。他们要了解投资回报率，绩效的改进，以及他们如何增加价值。

如果故事是建立在一张 Excel 表或一个结构清晰的商业计划上，那么很可能这类听众会仔细听你讲述的信息。如果不是建立在表格上，他们会很快失去注意力，安静地等待演讲结束。

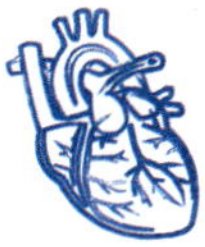

情感型

此类型的听众会首先倾听他们的内心，其次才是他们的头脑。然而，情感不一定总是积极正面的，如果他们觉得你的信息或你的演讲方法不好，那么就会非常不理智地失去耐心，放弃你的演讲。

此类听众非常易变。他们会很快形成自己的观点，通常是在没有什么支持性数据的情况下，并且也常会坚持他们的观点。一旦你和他们建立了感情纽带，无论是好的还是不好的，要想改变他们最初的反应就不是件容易的事了。

视觉型

对这类听众来说，让他们看到大而美的图片是很重要的。他们会考虑很多因素，然后广泛应用这些因素。

他们会亟不可待地了解一个项目的好处，掌握案例的所有细节，对你的想法的未来趋势表现出积极的兴趣。同样，如果你过多地讲述成本、投资回报率、执行过程等细节的话，他们也会很容易失去兴趣。

把每一种性格的听众安排进某一类别的商业角色，是很多人都禁不住会做的事。比如，认为从事金融的人是事实型，CEO 则是视觉型等。但事实往往不是这样的。事实上，大多数人是这三种类型的混合，只是每一种类型所占的比例会有所不同。我个人就认识很多情感型的金融人士和情感型又极具分析头脑的营销员。和大多数情况一样，先入为主的印象往往是不正确的。

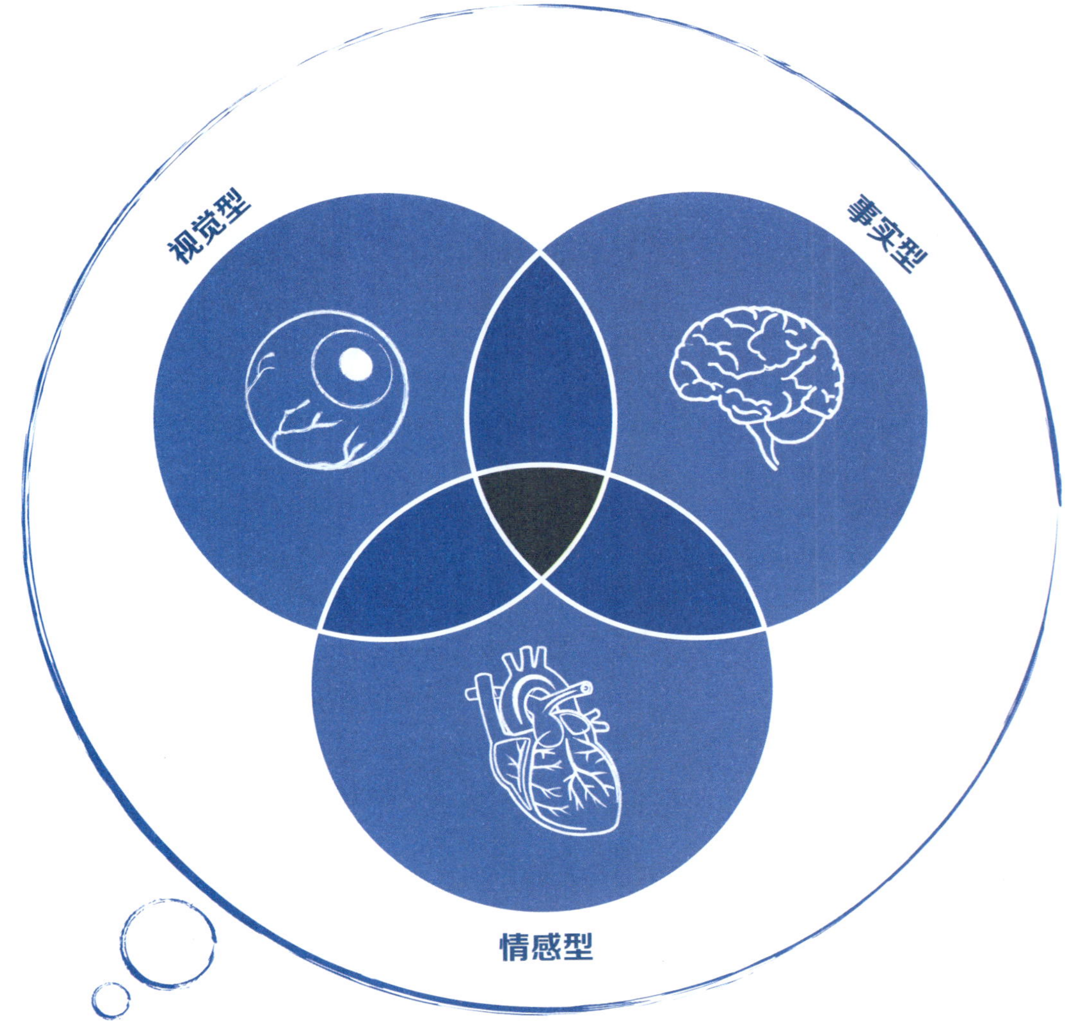

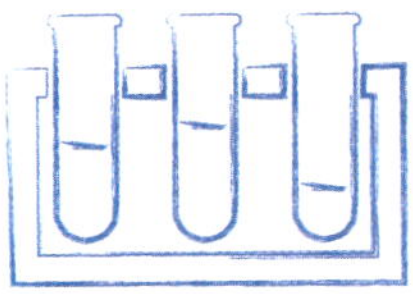

找出听众的不同性格类型，能够更好地了解他们在不同场合彼此之间以及他们与作为演讲人的你是如何互动的。在过去的很多年里，我和各种不同的商业演讲人以及听众合作过，并且看到了针对不同听众的演讲类型，演讲准则是如何变化的，而了解这些变化的趋势可以让我们在针对不同听众准备演讲的时候给出听众热图。正如你看到的那样，热图会随着一些变量的改变而改变，这些变量可以是演讲的类型和你从事的行业。

演讲目的：**企业宣讲**

演讲类型：**说服型**

行业领域：**环境问题解决**

我们在 Eyeful Presentations 所经历的大部分项目都属于“企业宣讲”（Credentials Presentation）。这些演讲都是所谓的 B2B 演讲，通常在给销售人员进行面对面的销售培训时使用。

这种演讲的听众类型是多种多样的，从医药领域里的事实型听众，到商业服务领域里的情感型听众都有。我们有时也会和白手起家极具创业精神的企业合作，而这些企业急需一个企业宣讲来把他们定位成行业的领袖或市场中的领导。

我们最近合作的一个当地企业研发出了一种回收“有毒”材料（如尿布和其他卫生用品）的独特方式。他们使用了一些新兴科技来把这些材料转化成塑料制品，如公园的长椅和回收垃圾桶。这是一个让人兴奋不已的项目，不仅仅是因为这个企业试图解决的是一个存在已久的问题（垃圾填埋场和尿布），还在于它还找到了使用转化材料的新方法。

这个企业的解决方法如此之好，以至于让他们被接受似乎是件很容易的事。然而事实却恰恰相反。事实上，这完全由听众决定。这个企业一开始面对的听众是一群“绿色环保大使”、采购人员、全英国医院和各地政府的 CEO。虽然这些听众对他们的产品都或多或少有兴趣，但他们真正关心的内容却是非常直接、功利的：

- 这项技术如何能为他们省下日益增加的垃圾处理费用？
- 这项技术如何能帮助他们平息老百姓对在当地垃圾填埋场倾倒过多垃圾的不满？
- 这项技术如何能帮助他们树立环保形象，从而脱颖而出，从当地政府吸引更多的资金？

这样看来，我们绘制的“听众热图”和你一开始设想的也许有很大不同。听众们可远没有我们当初想象的那样感情充沛，相反，事实型和视觉型的听众占绝大部分：

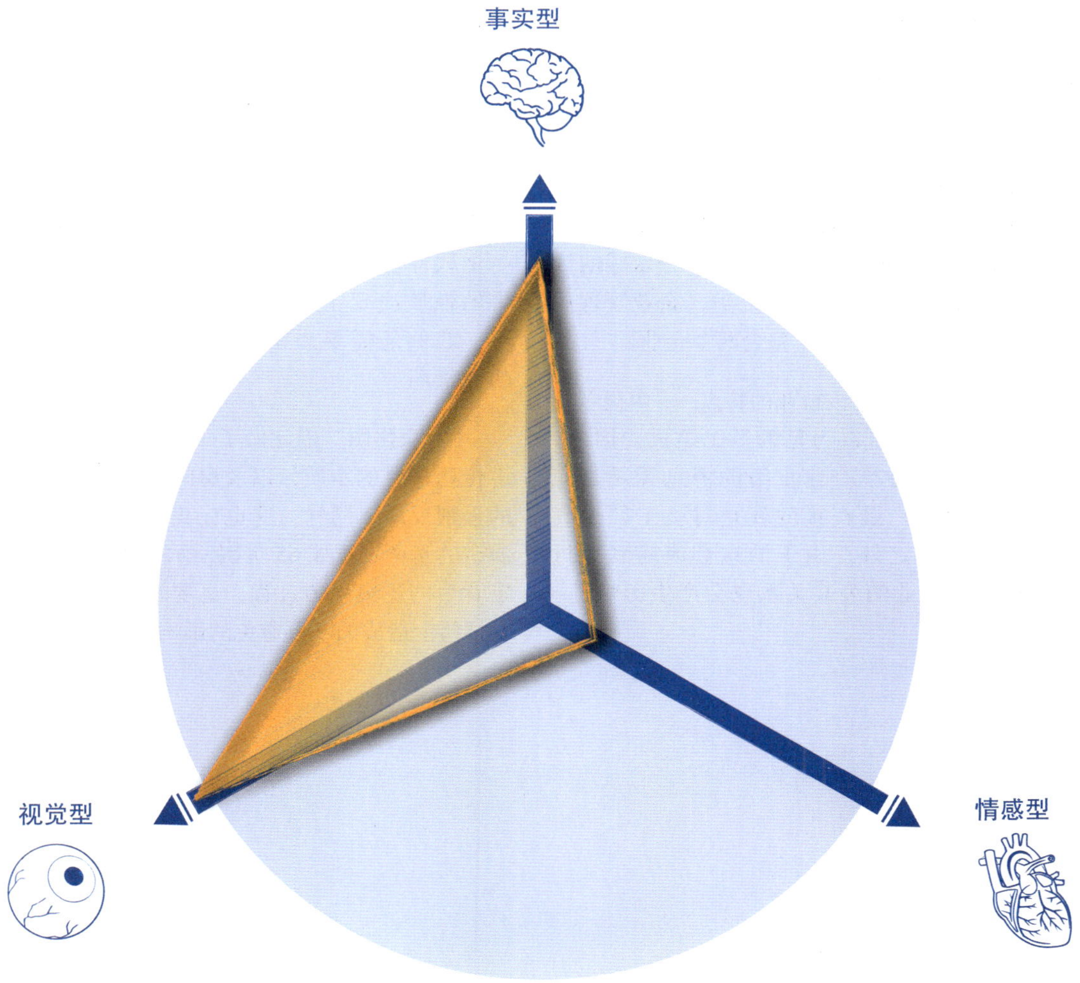
事实型
视觉型
情感型

演讲目的：**内部改变**

演讲类型：**信息型**

行业领域：**全球软件**

我们也和一个国际知名的软件提供商合作过。在做了几个企业宣讲之后，这个企业找到我们，让我们协助他们完成一个十分敏感的计划。在并购了一家对手公司之后，企业管理层决定裁掉 15% 的员工，来整合两个企业。

这个企业有很多该行业的特点——由很多领着高薪、聪明、自以为是的员工组成。因此，和这些员工们分享企业重组的消息无疑是充满潜在危险的。最直接的就是对员工们士气的影响。除此之外，由于消息会泄露到该行业，因此对企业的公共关系也会产生影响。

同样，这次我们也没有想当然地理解听众类别。虽然此类听众主要是事实型的（在一个软件公司工作，确实会如此），但这次演讲的性质决定了它会引起听众强烈的情感反应。我们还需要为留下的员工绘制一幅积极的前景图。

"听众热图"因此做了一些改动，来反应演讲传达信息的本质，以及房间里听众们会出现的强烈反应。同样，这也让我们更好地决定了演讲的基调：正如 65 页图所示，既要展示该决定背后的逻辑思考过程，也要解决该决定对听众情绪上造成的不可避免的影响。

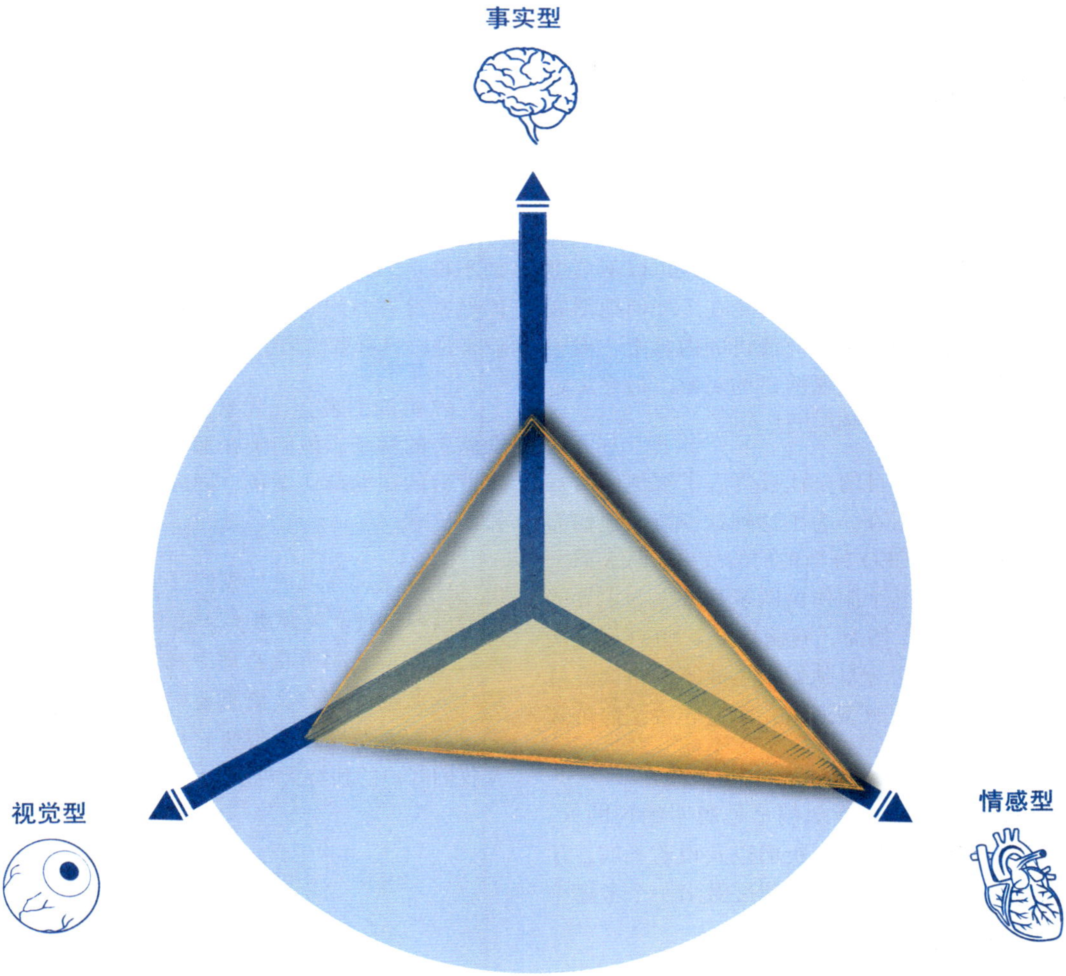
事实型
视觉型
情感型

演讲目的：投资者关系

演讲类型：信息型

行业领域：私募股权

在我们和私募股权公司合作之前，我必须承认，我不知道他们是如何工作的。我们最开始合作的几个演讲比“给猪涂口红”好不了多少。那时我们更多地把时间花在了如何把图表做得更漂亮，而不是研究演讲的内容上。但很快我开始理解了我们做演讲的对象，最终决定了如何改进我们的演讲方法。

我们客户的目的是让投资人了解他们的资金公司的潜力所在，为了达到这一点，他们需要让各部门的 CEO 分享他们的故事。从表面上看，这似乎是一个制作由图表和数据为主导的演讲的好机会。然而，问题是很多 CEO 把这次演讲当成了一个分享他们人生故事的机会，最终把它变成了情感型演讲，而这导致了演讲和听众的不匹配。

投资者论坛的听众们全是聪明绝顶的人。他们能够计算出税项、折旧以及税前利润，预测图表的走势，以极快的速度做出一个考虑全面的结论，简直不可思议。

除了非常聪明之外，他们还极其忙。这些人永远都在看他们的手机。这并不是对演讲人的不尊重，而是他们真的很需要随时查看。他们根本没有时间对每个演讲都充满感情，对他们来说，只有事实最重要。

67 页的图表会让大家想象出一群人坐在观众席上的样子。他们坐在那里就是为了了解决定背后的短期商业案例，同时了解每个企业的长期机遇。

在记住这一点后，我们开始弱化演讲中情感的内容，转而关注事实。我们培训 CEO 演讲人们更多地采用听众心理中视觉的部分。这也是令人激动的部分，更重要的是，它让演讲变得没有那么情感化。很快它就成为了那次演讲及我们客户的独特卖点。

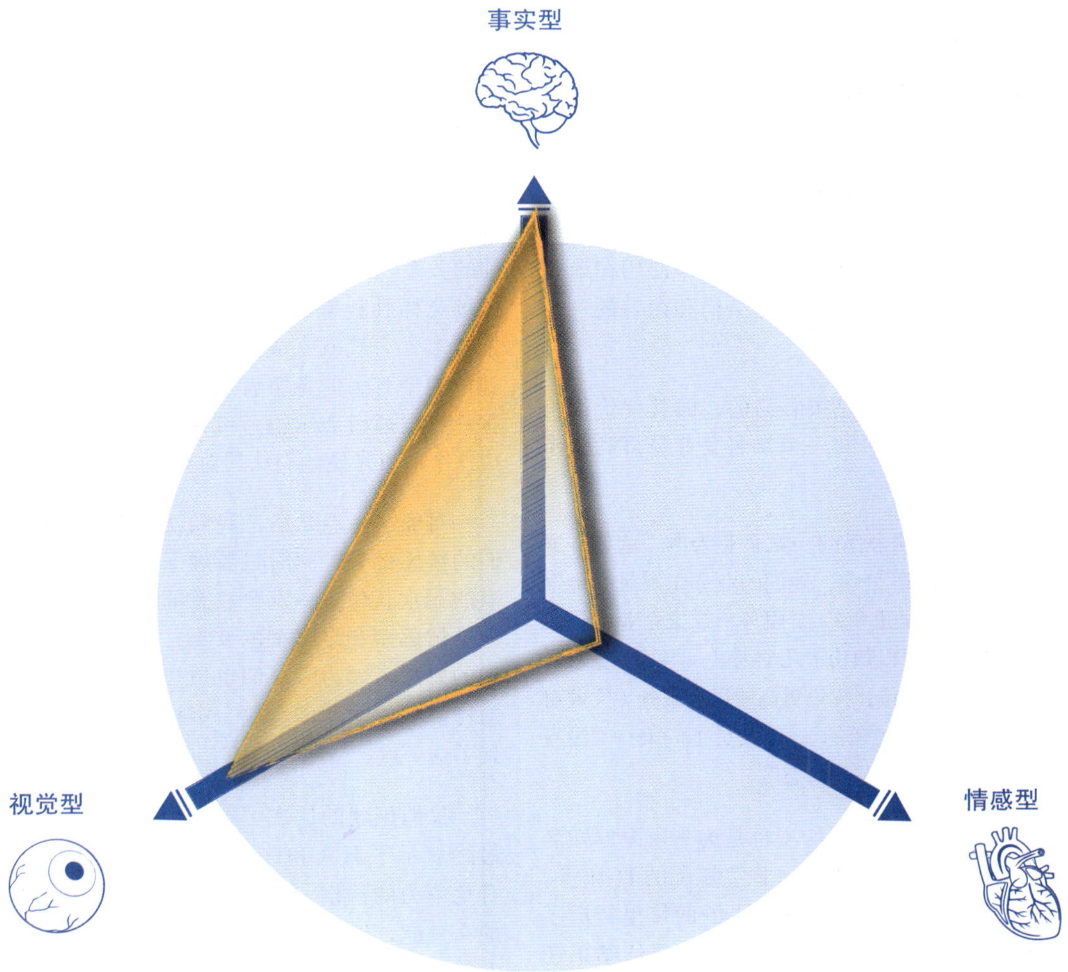
事实型
视觉型
情感型

演讲目的：**说明**

演讲类型：**竞标**

行业领域：**IT 服务**

竞标型演讲的高风险性通常会让演讲人感到紧张，最后把演讲搞砸。很多人会放弃“迎合听众”的做法，把这次演讲当作使用在最初投标文件中使用过的同样的结构和内容的一个借口。

陷入这个陷阱是很容易的，而其代价很可能就是让你失去了和一个知名企业签订利润丰厚的合同的机会。

以我们长期合作的一家企业为例。这是一家总部在美国的 IT 公司，他们的业务主要是给金融行业的企业提供重要的 IT 服务。这家企业十分成功，它的成功可以归功于几个因素：与其他竞争者相比更占主导地位，提供更高质量的服务（失败对他们来说是不可想象的），以及员工们秉持“没有什么事不能完成的”工作态度。

这家 IT 公司竞争的项目是为一家全球知名的银行提供后台处理方面非常复杂的 IT 服务。该公司的销售团队已经在过去的两年里经历了一系列的会议，审核递交标书，而最终结果还要取决于关键的竞标演讲。

在合作的开始阶段，我们仔细审阅了听众成员，他们的职责，以及我们的客户与他们当前的关系。我们发现整个团队讨论的次数越多，这场竞标胜利越取决于**信任**。我们的客户可以不费多大力气就完成技术上的解决方案，同样其他两个有力的竞争者也可以做到。但我们的客户可以通过展示银行可以充分地信任他们完成这个项目来使他们从其他竞争者中脱颖而出。

明确这一点之后，我们就该着手处理听众们的情感部分，同时也要确保事实型的听众所需的元素就位。一定要注意的一点是这次演讲涉及情感型和事实型的要素，但也不排斥视觉型的要素，因为听众们也想知道未来的前景会怎样。虽然前期的会议、审核和文件中已经谈到了这一点。

我们创建的这次“志在必得”的投标演讲最终展示了新人和该项目未来的前景。此外，有竞争力的价格、企业令人羡慕的名声等因素加在一起，使我们的客户最终赢得了他们历史上最大的订单之一。

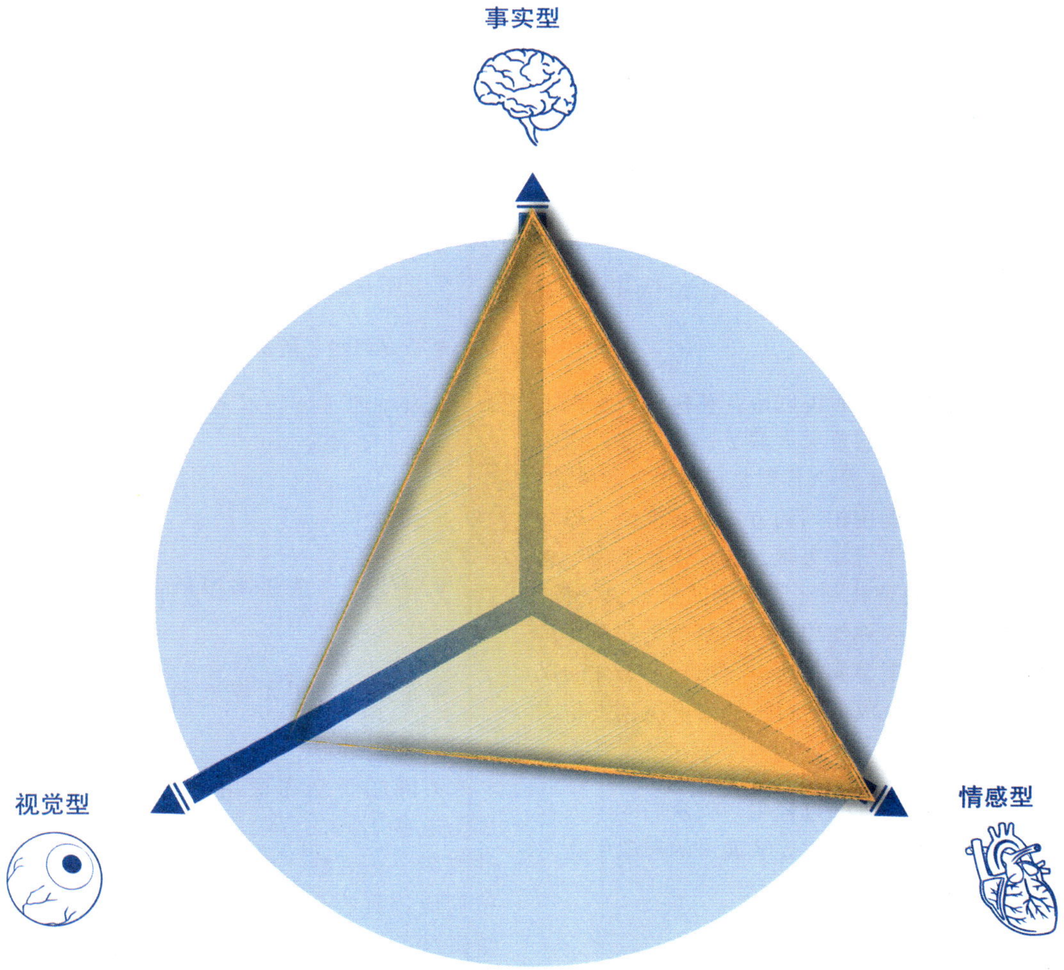
事实型
视觉型
情感型

结　论

理解听众不同的性格特点，能够让创建幻灯片变的简单许多，也更有效率。同时，这也让那些“演讲科学家”们意识到，按照人们的工作职位和演讲类型来假设听众的类型所存在的潜在风险。

进行更深层次的思考和创造是演讲创造者的责任。

这对我们这些演讲创造者和执行者来说意味着什么呢？它的意义太多了：如果你轻视听众和他们的背景，那么你就是在冒很大的风险。对不同的听众群用相同的方式进行演讲，那么其结果肯定会是一场灾难。这就好比是为单身派对和之后的婚礼预订同样的娱乐节目一样。不同的听众需要你使用不同的策略。如果你认为某一种方式能够满足所有需求，那么你的风险是，很多听众成员会对你的演讲感到失望或是烦躁无聊。

在你制作演讲的过程中，听众们的个人背景一定要时刻牢记。你要从演讲的对象中找出以下几个基本问题的答案：

信息

- 你的信息是什么，你期待听众会对其作何反应？
- 听众们听完演讲后，你对他们实际的期待是什么？
- 在听众们听完你传达的信息后，你期望他们会做出什么行动？

内容

- 用什么样的语调和语言进行演讲能够引起听众的共鸣？
- 听众已经了解的信息是什么？
- 对于那些他们不了解的信息，你需要提供什么背景知识？

表达

- 对于本次演讲来说最佳的演讲工具是什么？
- 你如何使用图像来和听众建立更好的联系？

不同的听众需要用不同的方式来对待。因为这些不同的方法都有相同的演讲最基本的要素——信息、内容和设计，所以你在把他们应用到听众上时也要确保一致性。一个情感型的听众不会从过多的数据中获得些什么，一个视觉型的听众需要一些“大图片”式的标语，而事实型的听众会比其他人更需要细节性的信息。

掌握了听众群中的不同类型，那么你就有了一个强大的基础，可以以此为基础建立你的演讲。如果你有过多的假设，或是陷入了惯有分类的陷阱，那么你就会在演讲还没开始之前就面临失去听众的风险。

所以，先牢牢掌握好听众的档案，看看你可以如何利用他们的背景，以此为基础，为演讲设计一个能够满足听众需要的结构。现在是时候来介绍一下听众路径（Audience Pathway）了。

听众路径

C4

所有为理解听众而做的工作都很好，但这些工作是为了什么？我们想要达成的结果是什么？我们怎样做才能得到这些结果？

无论你的听众类型有多么复杂，不管是情感型、事实型还是视觉型，他们都需要经历一开始半信半疑到最终全心全意地相信的过程。你作为演讲人的工作就是引导听众以尽可能快的速度和尽可能没有痛苦地经历这个旅程。

你的听众们都需要经历一个由以下四个阶段组成的路径：

听众路径

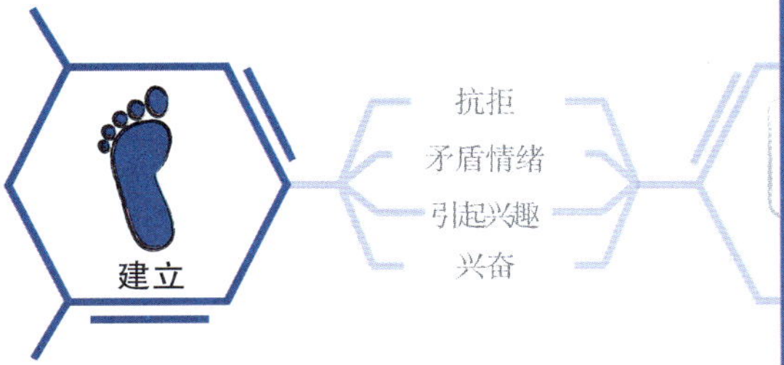

在这4个阶段中，“建立”阶段是最有风险的。在图中你可以看出，在“建立”阶段和下一个“参与”阶段之间有很多其他的因素。“建立”部分也是很多怀疑论者、愤世嫉俗者和捣乱者会抬起头无情地打断你演讲的时候。他们可能通过肢体语言来表达（双臂交叉，再伴随着几声叹息），或是通过问很多问题来向其他听众展示他们并不想听这个演讲。虽然说演讲人很可能恨不得掐死这些捣乱的听众，但我们最好把他们的抵触当作是整个演讲的一部分。你必须让听众了解他们之所以到这里听你演讲的原因，并且用这一点慢慢带动听众参与进来。

但这是对“建立”阶段最负面的看法，应该算是最坏的情形了。通常来说，这一阶段应该是正面的，更多的是关于如何掌控听众的兴趣和兴奋点。同样，意识到这一阶段只是整个过程的开始能够让你小心地计划你的演讲结构，从而确保听众的良好意图得到了适当的尊重。

这一阶段的目标很简单：让听众站在你这一边，然后尽快地发展到“参与”阶段。

然而，大多数人却容易忽视这一阶段，这也是很多企业使用的标准式幻灯片演讲最终会失败的原因。一系列的子弹头列表，一张公司大楼的照片，一张企业结构图，或是公司的财务报表……这些都在这一阶段（听众途径）是激怒听众的原因。这种幻灯片会让人们很早就对演讲失去兴趣。

这就是为什么你演讲的故事和结构是如此重要：它们能让你抓住听众的注意力，并且让听众真正参与进来。做不到这一点就意味着你失去了你的听众，或者说从来就没有赢得过任何听众，而这样一来你的演讲也变得没有任何意义。

小心，这种想法表明你严重低估了自己的能力。

但请不要误会，商业演讲和那些一票难求的名人演讲一样，也能创造出许多"奇迹时刻"。我们之所以经常引用这些知名演讲是因为它们是**"听众参与度"**的很好的例子，而不是因为演讲人本身有多么超凡的技巧，场所有多么宏伟，或是那些图像有多么夺人眼球（事实上，据说丘吉尔非常不擅长幻灯片制作）。

其实，让听众参与进来是件无比简单的事，只需你确保做对了几件最基本的事即可。这和与某人建立关系是一样的。你所需要的就是把自己放在别人的位置来想问题，对别人的烦恼展示出兴趣，并让他们觉得你理解他们的苦恼，且有可能帮助他们。这真的就像大多数商业人士都经历过的销售人员培训中"设身处地"原则（What's in it for me）原则那样简单。我们都明白这一点，但很少有人这么做。

"参与"阶段是所有奇迹发生的时刻。在这一阶段，你那引人入胜的演讲内容和很有价值的图像会无缝完美结合，从而支持你传达的信息，引起听众的共鸣。在这一阶段，那些情感型的听众会爱上你和你的信息；事实型的听众会仔细聆听你分享的内容，也是在这一阶段视觉型听众会看到齿轮开始转动，大的图像慢慢引起人们的关注。

让你的听众参与到演讲是一种奇妙的经历。演讲专家在讲到整个房间里的听众们是如何尽在掌握之中的那一奇妙时刻时，甚至会眼泛泪光。对我们这些不以演讲为生的人来说，我们肯定会觉得这种"奇迹般"的时刻是不可能发生在我们身上的。犬儒主义者们可能会说，从伟大的演说家，如乔布斯、马丁·路德·金、丘吉尔等那里获得灵感没有什么不可以。但事实恰恰相反。对于他们来说，能够毫无意外地完成演讲，不损害他们的名望，并让听众始终保持清醒就算是胜利了。

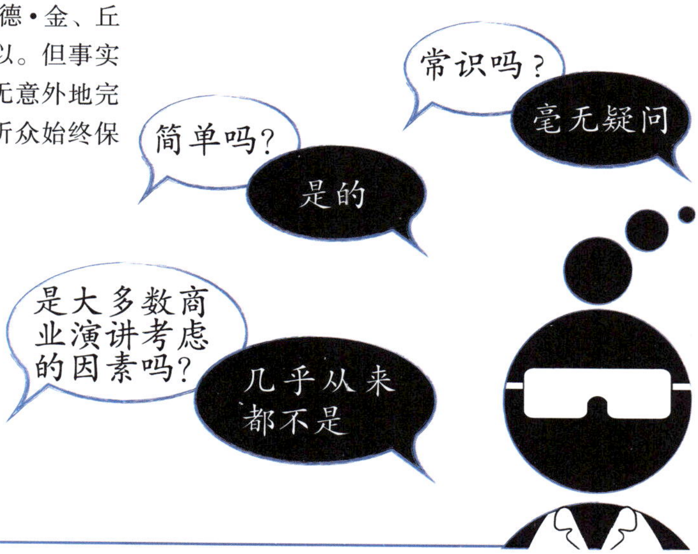

接下来就会很自然地进入到“评价阶段”。在这一阶段，你需要解释你的提议会产生的影响，并让听众们思考一下，再形成他们自己的想法。不同背景的听众会有不同的反应，而这一过程可能会导致听众开始计算投资回报率，并且思考按照你的提议去做的逻辑性原因是什么。这有可能意味着给听众时间来思考你仔细创造出的“利益宣言”（这对你来说意味着什么）。不管怎样，你必须确保给予听众充足的时间来思考你传达的信息。经过了评价之后，听众会产生一些问题，而这些问题会给你新的机会来展现你对该项目的理解和热情。如果做得恰当的话，这对你和听众来说会是一个双赢的结果。

像我之前提到过的那样，人们很容易把“听众路径”想成一个直线性的过程。但很有可能出现的情况是，你需要提供更清晰的解释，或对一些复杂问题进行更多细节性的描述。在这种情况下，你会发现需要带领听众经历“参与—评价”过程很多次。这时你就会意识到拥有一个灵活的演讲工具有多么重要，它们能够让你慢慢地进入到之后的“行动阶段”。

有时候细嚼慢咽才是达到目标的最佳方式，没有必要操之过急！

我可不是那些大多数企业幻灯片最后出现的“还有问题吗”的粉丝。对我来说，这是一种非常虚伪的听众互动，其潜台词是“你们现在被允许说话了”。

如果在一个社交场合或一个内部会议上使用这种方式，你可能很快就被冷落。然而，这种方式似乎已经成为了商业演讲中不成文的规定。一个有节奏的、精心设计过的演讲应该允许听众在演讲的过程中提出问题，作为“评价阶段”的一部分，而不是在最后的时候才给听众一点说话的机会。

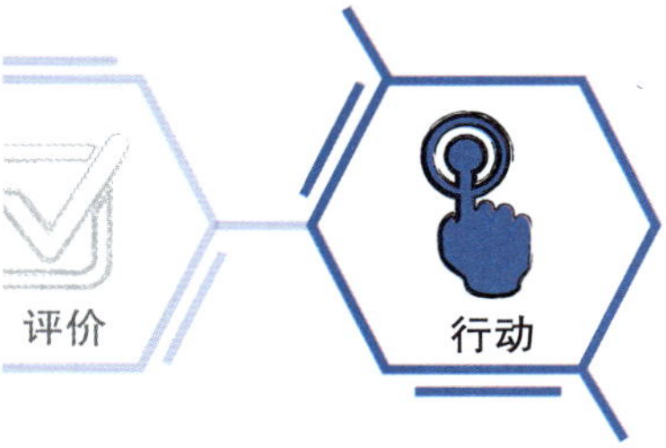

不可思议的是，在我所帮助指导的商业演讲中，最经常缺乏的部分是**“呼吁行动”**。这一点似乎是全世界所有商业演讲都存在的一个问题，不管是大企业还是小企业的商业演讲。在演讲的结尾，很多演讲人都不会去呼吁听众采取行动。没有这样做的原因要不就是他们忘记了（不太可能），要不就是觉得这样做不太好意思。

这一现象着实有些不可思议。毕竟演讲的终极目的是引发听众作出行动或改变。其表现形式可以是进行投资，赞同一个新的方法，或仅仅是换个角度思考问题。然而，如果你不去引起听众进行回应的话，行动也就不会发生。

一个成功演讲的秘诀在于，通过研究听众的背景资料，尽可能自然地呼吁听众行动起来。面对一屋子情感型的听众，用一种严肃而冷静的方式结束演讲不会对你要达成的目的有任何帮助。同样，用太过轻松幽默的方式来结束对事实型听众的演讲也不会起到任何作用。

使用了“听众路径”方法来设计演讲，却没有包括最后的“呼吁行动”，将会使所有努力前功尽弃。这不仅仅是浪费了你的时间，也浪费了听众的时间——这一点更糟。没有最后的“呼吁行动”部分，你就没有向听众展示出最重要的尊重（如果你还在怀疑这一建议，能否允许我建议再次你阅读 C 部分。这一部分确实很重要！）。

这一话题让我想到了我职业生涯早年的一次面试。我当时申请的职位是一个跨国电信企业的销售职位。这一职位比我那时的职位要高几个级别。在经过了几轮电话面试和小组面试之后，我被邀请为英国分公司的董事会进行演讲，题目是销售的艺术。

如果我得到了那个职位，我的顶头上司会是一个只会谈生意的传统型的销售经理。他永远都要不惜任何代价赢得订单，要尽可能地多成单。

在我进行了简短的演讲（其中包括了一个非常清楚的“呼吁行动”部分），我们开始讨论成单问题：

- 我以前用了什么技巧来成单？
- 我认为成单的艺术是什么？
- 最让人担忧的是：**你成单的速度有多快**？

这些问题引起了关于销售演讲结构的讨论。讨论的内容之一，也是我坚信的一点，那就是成单永远不应该成为意外。整个演讲结构、与不同听众类型的互动，以及对提案的定位，在设计这三方面时，一定要考虑到是否能让听众作出行动。

这是“听众路径”的最后阶段。在这一阶段我们把指挥棒递给听众，而听众此时需要（希望他们也想要）行动。

我未来的上司和我在这一方法上进行了长时间的辩论。他认为我的理论是站不住脚的，而我却觉得这才是专业的推销术。我上司的上司同意我的观点，最终我得到了这份工作。有趣的是，由于不赞同他们的销售技巧，我在三个月之后离开了那家公司（但是在我成为那一季度的销售冠军之后）。

不明白这个词的人应该看一看《大亨游戏》（*Glengarry Glen Ross*）这部电影。这是一部很棒的电影，尤其是对有销售背景的人来说。

控制你在听众路径采用的方式

了解途径中的每一个步骤固然重要，但这从根本上说只是常识性的问题。真正的力量来自如何针对不同的听众人群应用每一个阶段，不管是通过使用充满情感的语言，还是使用图像、数据和其他呼吁行动的方法。

下面的图示显示了在“听众路径”的不同阶段应对不同听众群体的方法。

但请记住，这些步骤并不是互相排斥的。面对一群主要是情感型的听众，你还是可以在“参与”阶段使用图表（只是不要过度！）。同样，和某一位听众建立密切联系是一件事半功倍的事，它能够帮助你和其他不同的人群建立联系。你可能会觉得在向以事实型为主体的听众演讲时，开门见山直奔主题会比较有效。

下面这幅图给大家提供了一些针对不同听众人群构架演讲的大体准则。

听众路径
演讲口吻

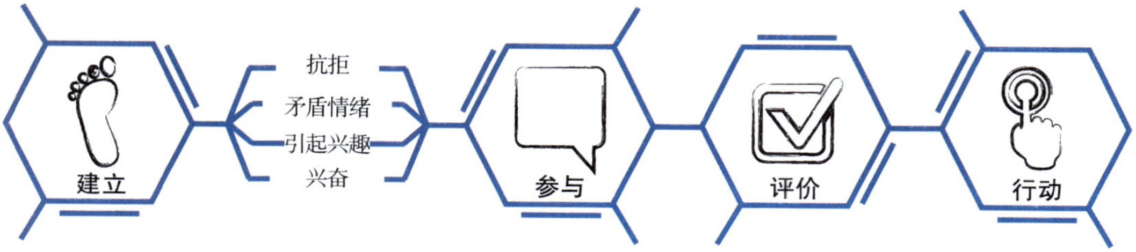

情感型	建立密切联系	陈述 / 图像	展示影响	“你们在听吗？”
事实型	建立信任	图表 / 数据	展示结果	按部就班的步骤
视觉型	明确结构	图像	强调好处	“现在到你们了”

情感型的听众希望感受到他们在和你经历一场旅行。“行动”阶段的标语是“你们在听吗”，在演讲的结尾使用这样一种非正式的方式，可能会引起事实型为主体的听众们皱眉头，因为他们期待你使用一个被检验过的方法，能够展示出你之前介绍的结果。倾向于视觉型的听众会想要被引导到“行动”阶段。但作为演讲人，也不能太过着急，因为他们想以自己的节奏到达这一阶段，所以没有任何压迫感的“现在到你们了”是“呼吁行动”阶段很好的方法。

不同人群要使用不同的策略。

整个这一部分强调了一点，那就是牢牢抓住听众的背景材料和他们的兴趣点是创建一个成功演讲最重要的一步。这是整个演讲其他元素能够得到发展的基础。如果你未能投入足够的时间和精力把这一步做好，那么整个演讲的基础就会摇摇欲坠。

记住这一点之后，让我们现在开始创建一个真正有影响力的演讲吧。下一步我将介绍如何清晰有力地传递信息。

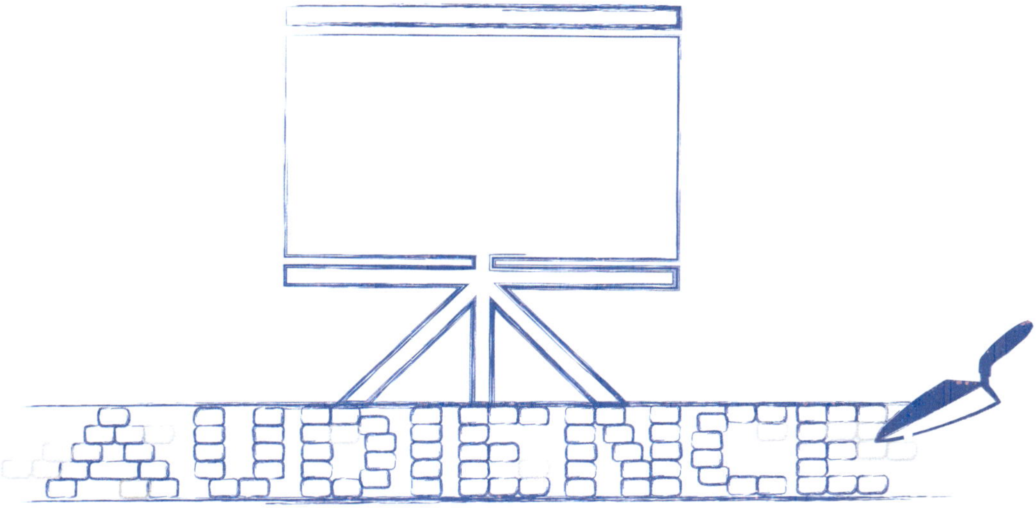

信息：意义是什么

C5

Element A B **C** D E F G H

每一个演讲最终都有一个目的。我曾经想把这一章的内容叫作“设定目的”，但最终由于一个很明显的原因，而放弃了这个题目：听上去太无聊了。

也许人们在开始演讲的时候，很少，甚至从来没有想过他们站在那里的原因。商业人士很少会在开始创建演讲之前明确演讲的目的。这一点太不可思议了。

但事实上，你必须了解为什么要做一个演讲，才能确保你传递的信息是有力的。这一点至关重要，因为这是你建立演讲内容和图像的基础。

好消息是，对于大多数演讲来说，我们并不需要设定一个非常详细的、可测量的、相关的、有时限的目的。和你一样，我们也想尽快地着手设计演讲。但我们确实需要确保在开始之前打下正确的基础。

为了明确演讲的目的，我们使用一个很简单的方法，叫做**“必须—打算—喜欢”**。你可以把这一方法应用到很多其他的地方。它不光可以设定演讲的目的，也可以用来给家庭成员打电话，决定下一个假期去哪里度过，等等。总而言之是很有用的方法。

第一步

使用你最习惯使用的工具（白板、思维导图、word 文档、信封的背面等），思考并记下几个演讲所需考虑的关键点：

- 谁会是听众？
- 你会和听众在一起多长时间？
- 这个演讲已经在你的计划表上多久了？是最近才发生的吗？
  - 还是已经计划很长时间了？
- 听众为什么需要听你演讲？
  - 你认为他们想从演讲中获得什么？

别担心，我不是让你写一部《战争与和平》（*War and Peace*）之类的巨著。你只需要确定自己的想法，开始思考演讲的可能性。

第二步

接下来，你需要准备另一个清单，但这回的清单是关于**你**自己：

- 你演讲最根本的原因是什么？
  - 是为了销售？
  - 是为了分享一个你希望听众支持的想法吗？
  - 是为了汇报某件事情的进展吗？
- **你**为什么需要亲自做演讲？
  - 你的知识和经验？
  - 你在该行业中的地位和背景？
- **你**和听众之前有什么交集吗？
  - 他们了解你或你的公司吗？
  - 在你和听众之间是否已经建立了信任？
  - 这次演讲是之前与听众交流（演讲、提议、社交场合）的延续吗？

第三步

利用你现在已有的信息，把它们分为三栏，每一栏的标题分别是**“必须”**、**“打算”**、和**“喜欢”**，再次看一下你记录的想法，然后依据即将到来的演讲做一些判断。

必须	打算	喜欢

必须

放在这一栏的内容是你这次演讲必须达到的结果。

比如说，如果你做的是一个销售演讲，那么你设定的必须达到的结果可以是“给听众留下一个良好的印象，确保双方的合作关系不会受到影响”。对一个内部演讲来说，可以是“确保各方都了解我们上个季度所取得的成果，以及会对今后产生的影响”。

请记住一定要不时回顾你之前的笔记。如果你认为听众只是想听听看，短期内并没有购买的意愿，那么把这一点也记录到“必须”一栏。

重要的是别把标准定得太低，在此处设立的目标将会成为你演讲故事的基础。所以如果你的要求过于简单的话，就会限制了你演讲整体的效果。

打算

这一部分是在时间充裕、准备充足且演讲进行顺利的情况下你所期待取得的成果。如果是一个销售演讲，则可以是“和听众建立足够的信任”；如果是内部演讲，则可以是“寻求更多的信息，董事会可以因此在投资者再次打电话时提供我们取得的成果”。

同样，一定要实际些。如果你初始的笔记记录的是“听众比较保守”，或“和听众在一起的时间比期望的要短”，那么把这一点加入到考虑范围内。

喜欢

在这一栏你应该写下如果情形十分乐观的话，所能达成的一些超出预期的目标。找出“喜欢”一栏应该填写的内容是很个人化的，很可能与商业无关，这些目标可能会是你把演讲内容做好的巨大动力。

如果是销售演讲，一个例子可以是“按照他们的要求，马上进入到展示阶段”，内部工作会议的话，可以是“CEO 要求你和他进行一对一的谈话，分享你对项目的想法”。

明确实际的目标对演讲传递出强有力的信息是至关重要的。“必须—打算—喜欢”方法能确保你设定的目标是合乎实际的，并且让你在创建演讲时，不会忘记做这个演讲的原因。

在这个基础上，我们接下来进入**“信息创建”**阶段。

演讲控制

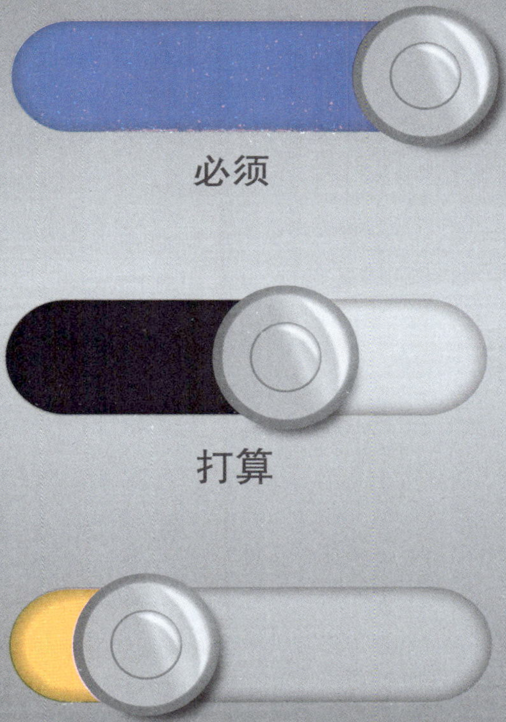

必须

打算

喜欢

简单不代表愚蠢

C6

Element A B **C** D E F G H

在处理信息时，我的原则只有一个，那就是简单。演讲的过程中，你可以尽你所能利用各种机会和空间来向听众展示你有多聪明。但简单应该是你处理演讲信息时坚持的原则。

这样做的原因很简单：简单是很好用的方法。

然而，简单并不意味着用很傻的方法处理所有问题。相反，让所有信息变得简单，同时又不失掉其意思，是件挺难的事情。

当前市面上有如此之多的幻灯片制作软件，而制作演讲的时间往往又很紧迫，因此，使用大量科技手段做一个复杂的演讲比做一个优质的演讲要容易的多。

做到简单是件费时间、费精力的事。这好比要求一个艺术家只使用 3 种颜色和用 4 次笔触来画一幅画一样。在放好画布开始画画之前，一个专业的画家会花很多时间计划，验证尝试他们的想法。这一点同样试用于创建一个演讲。你最终呈现的信息应该是十分清楚、简单的，且是你深思熟虑之后的结果。一旦你明确了这一点，你才能真正投入到演讲的创作中。虽说这对任何一个演讲人来说都是一项巨大的任务，但很少有人会真正对这个问题进行深入思考。

除了“必须—打算—喜欢”方法之外，我还会使用一个方法来检验信息是否简单易懂，就是看看我的女儿是不是能理解。演讲的内容可能是关于推出一项前沿的科技，里面包含各种令人炫目的元素，引用了当前最新的 IT 趋势。然而，你需要确保你传达的信息让一个 8 岁的孩子也能够理解，否则的话，你的演讲不会成功。

举个例子，如果我们的信息是很简单的一句话：“它能够为企业节省很多钱，让客户满意，因为它运行得更快，并且不会坏。”那么这就是很好的信息。但如果用复杂的词来表述同样的信息（在IT行业里通常如此）的话，就会变成“它能够解决主机生态系统问题，同时接收大量数据”。如果听到这样的信息，我的女儿一定会很快转身去玩她的塑料怪兽玩具。

没错，就是这么明显。但企业文化圈里就是有一种不成文的规定，仿佛把一切弄得复杂就代表专业似的。这一想法的依据可能是他们认为复杂的信息听起来更让人印象深刻，因此他们能卖更多的钱。

也可能是因为人们忘记了最基本的原则。不管怎么样，把现象用最简单的语言呈现出来而不是用一大堆假设和猜测是确保听众理解信息的万无一失的方法。

THE PRESENTATION LAB

让听众做你的传播人

C7

Element　A B **C** D E F G H

你是否经历过这种情况：你认真地听完一个演讲后，一个同事问你演讲的内容是什么，而你却支支吾吾答不上来，然后不得不举起双手宣布“我完全不知道！”。虽说有些夸张，但在现实生活中，这表明你浪费了你的时间，而演讲也彻底地失败了。

再看看下面这个合乎逻辑的结果吧：所有听完演讲的人本应有机会和他们的同事、朋友、爱人和家人分享演讲中的信息。但由于他们要么是没听懂，要么就是没记住演讲的内容，这一机会失去了。真正伟大的演讲，其传递的信息应该能在听众中生根发芽，在彼此之间通过谈话、社交媒体、私下议论、正式交谈的渠道进行传播。不好的演讲信息永远不可能传到演讲室之外的地方。

如何确保你的听众记住了信息

我很多卓有成就的同行们都写到过在演讲中的所谓“特别时刻”，这些时刻会让听众记很长时间。其中一个例子是乔布斯根据普通的办公信封而设计出的新款 MacBook Air，还有比尔•盖茨在 TED 演讲厅打开了一罐子蜂蜜。

虽然我个人来说很喜欢这些演讲中的“表演”，但恐怕很多人错误地理解了“特别时刻”。真正重要的不是其“表演”的部分，而是其背后传递出的信息。

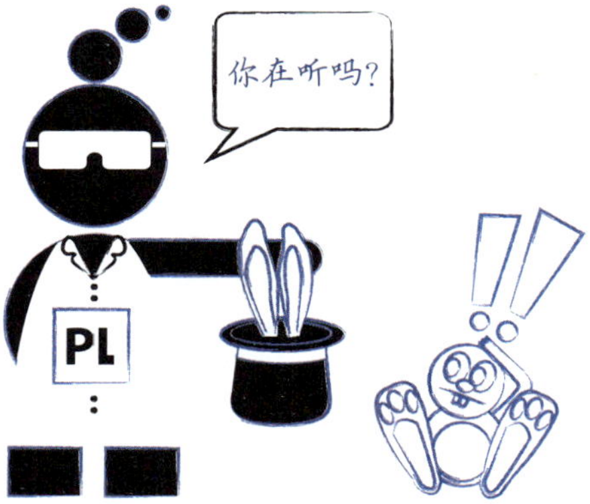

如果你只记住了乔布斯从办公用纸袋里掏出苹果 MacBook Air，而没有记住他当时真正传递的信息，那么这个演讲也还是失败的。[1]

不管你相不相信，在演讲中制造出这样的时刻是相对容易的。这可以是幻灯片上一张引人注目的图片，使用一个道具，或是观众们的现场互动（我已经不记得看到过多少次演讲人用一瓶可乐和一条曼妥思来比喻一系列的商业话题了）。如果这种时刻不能够帮助你清楚明了地传递信息，那么它一点用也没有。所以，如果不能支持你的信息，那么它至多也就是个多余的表演，有时候甚至分散了听众的注意力，最终毁掉了演讲。

使用一些创新小把戏来抓住听众的注意力有点华而不实。如果你的信息足够强有力的话，那么你完全可以抛开这些可乐、曼妥思之类的表演，开始与你的观众进行真正交流。

关于演讲中的“特别时刻”的理念与价值已有许多人著书立说了。在鄙人看来，大多数都是无用的夸夸其谈，用来伪装一个准备得很差、对听众一无所知的无聊演讲。

这个理念很简单：在整个演讲的不同阶段，用一些“唤醒听众”的信息来让听众持续地参与其中。这些“唤醒听众”的工具可以是一个视频、一个听众问答或是一个有争议的想法，总之，能够把听众从睡着的边缘暂时拉回来就行，如下图所示。

如果你发现不得不用些小伎俩来重新吸引听众的注意力，那么这就预示着你的演讲已经开始偏离正轨。更令人担忧的是，这些所谓的“特别时刻”很可能会让听众最终只记住了你使用的伎俩，而不是你演讲传达的信息。这也是另一种失败。

① 我知道在这里把乔布斯的桥段当做负面例子来使用可能引起很多人的不满。但我们就是要挑战传统的观念，因为传统的观念对大多数的演讲来说都不适用。

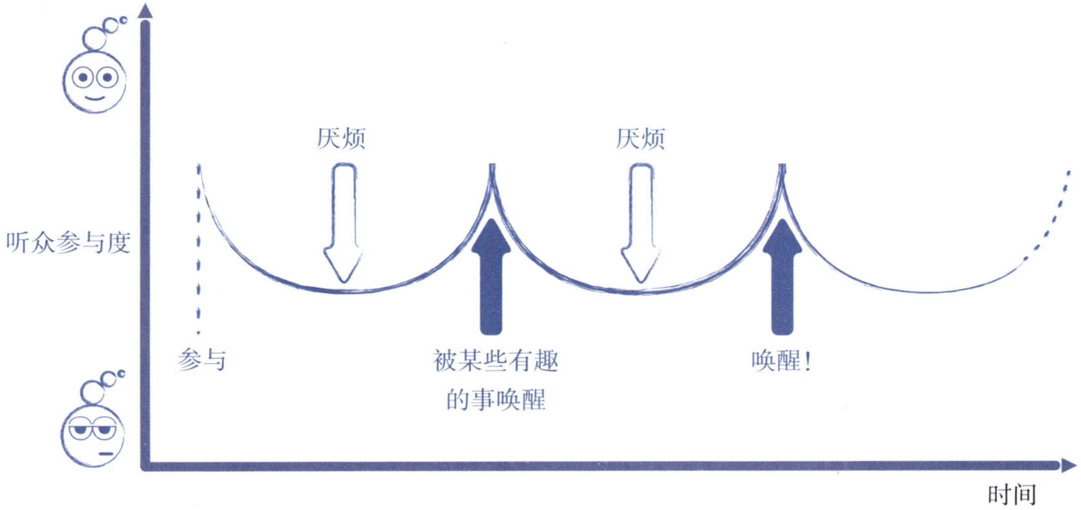

不要试图提高你的音量，而是应该改善你的演讲内容。

图图大主教

首先关注演讲中的信息，而不是如何表达

最终，你演讲背后传递的内容应该在演讲之后还存在于人们心中。如果你不能很顺利地回答同事的问题“演讲是关于什么的”，那么很可能演讲不够清晰、简洁，重点不够突出。这也意味着你还需做很多工作来完善演讲。

当我们带领听众经历整个“演讲优化”方法时，我们在发展演讲信息、测试演讲关键信息，以及提升演讲的清晰度等方面下了很大功夫。把时间和功夫花在这些步骤上是很有必要的，毕竟，你如此认真地准备了演讲，制作了如此精美的幻灯片，其目的是想让演讲的信息在演讲完成之后能够影响听众。

为了确保你要传递的信息重点突出、清晰易懂，且能够引起听众的兴趣，我们把信息分为三点，我们使用以下问题来检验其是否可行：

- 如果我在你的演讲结束两周之后给你的听众打电话，你觉得他们会记住你演讲中的哪些信息？
- 你想让他们记住关于演讲的什么信息？
- 前两个问题的答案相符吗？

即使听众们的回答是正面的，说出“我记得你的幻灯片做得很漂亮”之类的话，那么我们的演讲还是失败了。然而，如果他们的回答是“哦，你确实影响了 ×××”，那么我们演讲中的信息就可以被认为在听众中已经生根发芽，开始到处传播了。

有重点的信息需要花时间来准备

从某种角度来看，彻底地理解听众和信息似乎是当前这个充满了科学技术的疯狂商业世界最大的受害者。

当你面临一个有时间期限的演讲时，太容易先入为主地假设听众们的类型（如他们都是搞金融的，所以我们需要很多表格）和你所应传递信息的类型（如根据其商业利益来出售产品的特性）。在当今世界，每个人一周 7 天、每天 24 小时都可以通过电子邮件、电话、短信和 Skype 与其他人交流，这意味着每个人都有能力对任何事发表意见——不管是演讲内容、演讲的设计，还是其使用的科技。集体筹备演讲已经逐渐成为了当前的趋势，而这种协作的需求也正是很多技术供应商在他们的软件中加入的功能。

不幸的是，这样做的结果却是把演讲变成了令人不知所云的噪音，而不是基于听众不同背景而制作出的、信息明确清楚的演讲。你、你的听众和你的演讲都值得比这更好的结果。

架构你的信息：故事流的力量

C8

Element A B **C** D E F G H

有强有力的信息固然很好，但这只是一个复杂程序的起点而已。

你认真创造和思考后得来的信息需要演变成故事的基础。正如我们讨论过的那样，一个发展得很好的故事，能够让你的信息很有“粘性”，而不需要一些小噱头来让听众集中注意力。通过演讲的结构、故事和叙事角度，你能让信息长出能够行走的双腿，一次又一次地在人们之中被分享。

我们使用一种叫做**“故事流发展”**的方法来达到这一效果。在 Eyeful 公司，“故事流”的理念是经历了很长时间逐渐形成的。我们的项目咨询团队和客户们一起花了很多年的时间才找到了其中的关键信息。

一旦明确了信息，我们就会立即着手研究如何帮助客户设定演讲内容，从而把这些信息以最好的方式传递给听众。然而，有些时候，这也是件令人头疼的事。当我们开始摒弃那些客户们青睐的用象形文字和图表装饰的内容和他们信心满满的表情时，这些客户们会觉得很不适应。由此可见，在初始阶段向我们的客户介绍用一种叫做“演讲优化理论”的新方法来创造信息有多么的困难。

是的，他们能够描述这些经过精简后的信息，但让他们准确地理解我们将如何分享这些信息还是很有难度的。

如何建立你的“故事流”文档

解释什么是“故事流”的最简单的方式是，故事流应该是你演讲故事各部分的小标题，它们能够高度概括故事中的结构元素、高层次的信息以及故事中各部分的逻辑关系。

故事流还会强调你在更细节部分要使用的关键点（我们会在后面讨论互动类演讲的作用。如下图所示，这些都需要在一开始的时候就认真计划好），它还可以成为故事剧本中的一些基本指标。

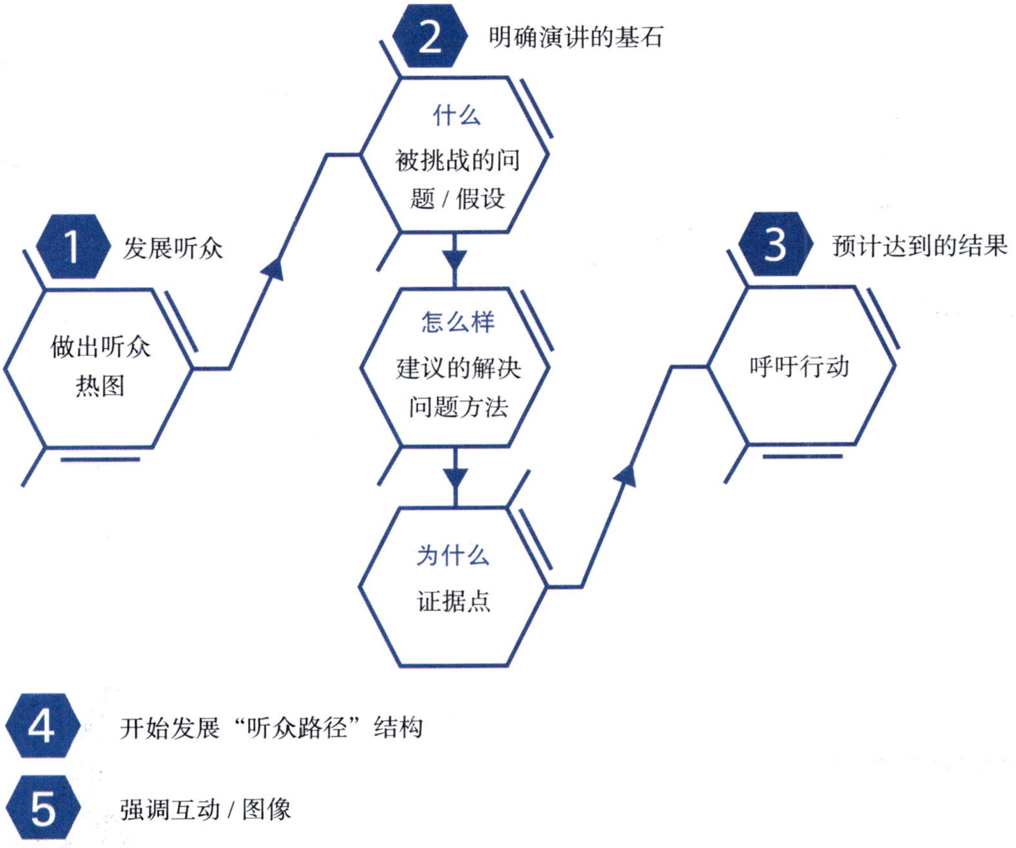

传递故事，而非幻灯片
Proposed Storyflow for XYZ Bank
Revised Business Services Sales Presentation

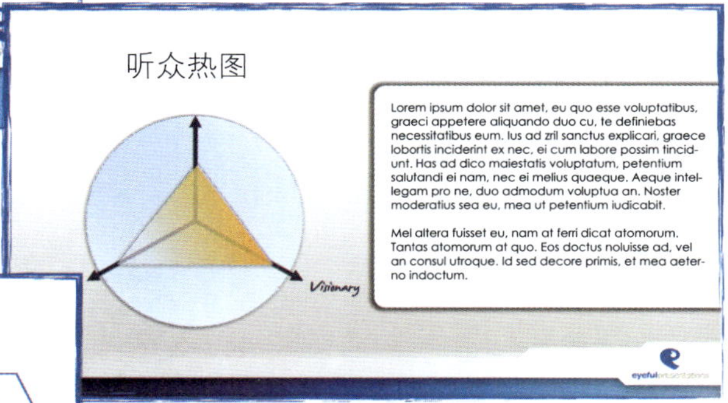
听众热图
Visionary
Lorem ipsum dolor sit amet, eu quo esse voluptatibus, graeci appetere aliquando duo cu, te definiebas necessitatibus eum. Ius ad zril sanctus explicari, graece lobortis inciderint ex nec, ei cum labore possim tincidunt. Has ad dico maiestatis voluptatum, petentium salutandi ei nam, nec ei melius quaeque. Aeque intellegam pro ne, duo admodum voluptua an. Noster moderatius sea eu, mea ut petentium iudicabit.
Mel altera fuisset eu, nam at ferri dicat atomorum. Tantas atomorum at quo. Eos doctus noluisse ad, vel an consul utroque. Id sed decore primis, et mea aeterno indoctum.

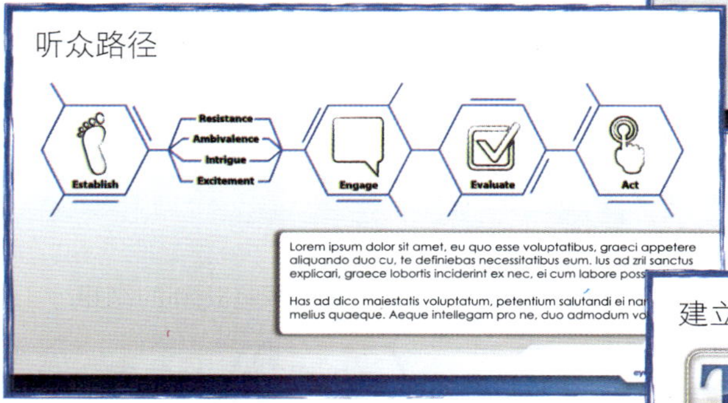
听众路径
Establish
Resistance
Ambivalence
Intrigue
Excitement
Engage
Evaluate
Act
Lorem ipsum dolor sit amet, eu quo esse voluptatibus, graeci appetere aliquando duo cu, te definiebas necessitatibus eum. Ius ad zril sanctus explicari, graece lobortis inciderint ex nec, ei cum labore poss
Has ad dico maiestatis voluptatum, petentium salutandi ei na melius quaeque. Aeque intellegam pro ne, duo admodum vo

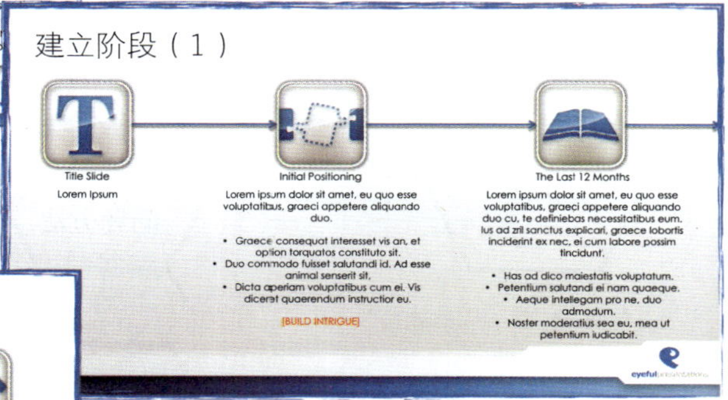
建立阶段（1）
Title Slide
Lorem Ipsum
Initial Positioning
Lorem ipsum dolor sit amet, eu quo esse voluptatibus, graeci appetere aliquando duo.
• Graece consequat interesset vis an, et option torquatos constituto sit.
• Duo commodo fuisset salutandi id. Ad esse animal senserit sit,
• Dicta aperiam voluptatibus cum ei. Vis dicerat quaerendum instructior eu.
[BUILD INTRIGUE]
The Last 12 Months
Lorem ipsum dolor sit amet, eu quo esse voluptatibus, graeci appetere aliquando duo cu, te definiebas necessitatibus eum. Ius ad zril sanctus explicari, graece lobortis inciderint ex nec, ei cum labore possim tincidunt.
• Has ad dico maiestatis voluptatum.
• Petentium salutandi ei nam quaeque.
• Aeque intellegam pro ne, duo admodum.
• Noster moderatius sea eu, mea ut petentium iudicabit.

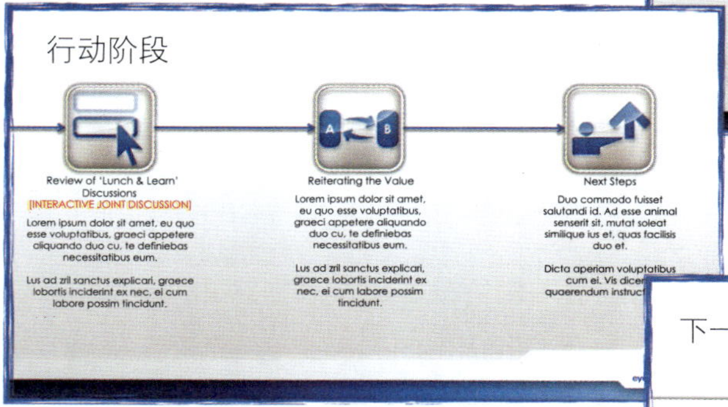
行动阶段
Review of 'Lunch & Learn' Discussions
[INTERACTIVE JOINT DISCUSSION]
Lorem ipsum dolor sit amet, eu quo esse voluptatibus, graeci appetere aliquando duo cu, te definiebas necessitatibus eum.
Lus ad zril sanctus explicari, graece lobortis inciderint ex nec, ei cum labore possim tincidunt.
Reiterating the Value
Lorem ipsum dolor sit amet, eu quo esse voluptatibus, graeci appetere aliquando duo cu, te definiebas necessitatibus eum.
Lus ad zril sanctus explicari, graece lobortis inciderint ex nec, ei cum labore possim tincidunt.
Next Steps
Duo commodo fuisset salutandi id. Ad esse animal senserit sit, mutat soleat similique ius et, quas facilisis duo et.
Dicta aperiam voluptatibus cum ei. Vis dicer quaerendum instruct

下一步
Contact me to discuss any questions/suggested tweaks...or to approve moving to the storyboard phase of the process.
Simon Morton
DDI:. +44 (0)845 056 8528
E-Mail:. smorton@eyefulpresentations.com
eyefulpresentations

"故事流文档"里没有什么是一成不变的，关于这个方法还有很多挑战和值得探讨的东西。下面的例子就是一个很好的例子。我们曾有一个大型零售银行的客户，他们当时要求用一种新的方法来处理他们的销售信息。在经过一个局面时而紧张但还算有成效的研讨会后，我们想出了一个计划，而这个计划对事实型听众来说是有争议的。使用"故事流"方法的目的是确保所有的人都能毫无障碍地理解我们提出的方法，不会被过多的繁复细节弄得一头雾水，从而分散了注意力。我们一旦明确了故事中的主要信息和故事结构之后，我们就能够作为一个小组愉快地进入到细节的准备工作中。

关于"故事流"的方法还有一个额外的好处：它能够让我们在准备演讲的整个过程中不会偏离一开始设计的计划。虽然说我们制作演讲是为了谋生——为了不同类型和大小的企——但我们毕竟还是人。我们需要确保图片和内容不能成为故事的主宰，而是要为故事服务。当你开始把所有相关的内容放到一起，并开始插入图片时，很容易因为太过兴奋而一时头脑发热。"故事流文档"能够让你避免出现这种情况。

对于那些一完成"故事流文档"就急于设计演讲内容和图片的人来说，有一个好消息。我们已经准备好进入演讲发展的下一阶段：处理和发展你的原材料。

让我们开始吧?

THE PRESENTATION LAB

制作有吸引力的内容

D

Element　A B C **D** E F G H

什么是内容

这听上去好像是个很简单的问题，但人们很容易把这个问题理解错了。很多人认为，内容指的是你每张幻灯片中填充的信息（通常以子弹头列表形式出现！）。

但实际上内容的涵义远不止于此。

内容是你需要让听众了解、能够传递你想法的信息。

这也就是说，取决于你听众人群的不同，你幻灯片中很可能充满了大量的内容，这些内容或者听众根本不需要了解，或者他们已经很熟悉了，根本不需要你来告诉他们。

把内容看成你演讲中有逻辑性的砖石是很有帮助的。如果你不能用一种很有条理的方式来和听众分享你的内容，那么你就永远不可能让你的信息被彻底地理解，同时令人印象深刻。除此之外，确保你的内容切实地针对了听众的问题、担忧和需求，与那些一味地介绍你的企业有多成功、增长有多迅速的内容相比，这些能够真正引发听众兴趣，切实解决听众问题的内容要有价值的多。如此你就可以很好地与听众建立紧密联系、产生共鸣。

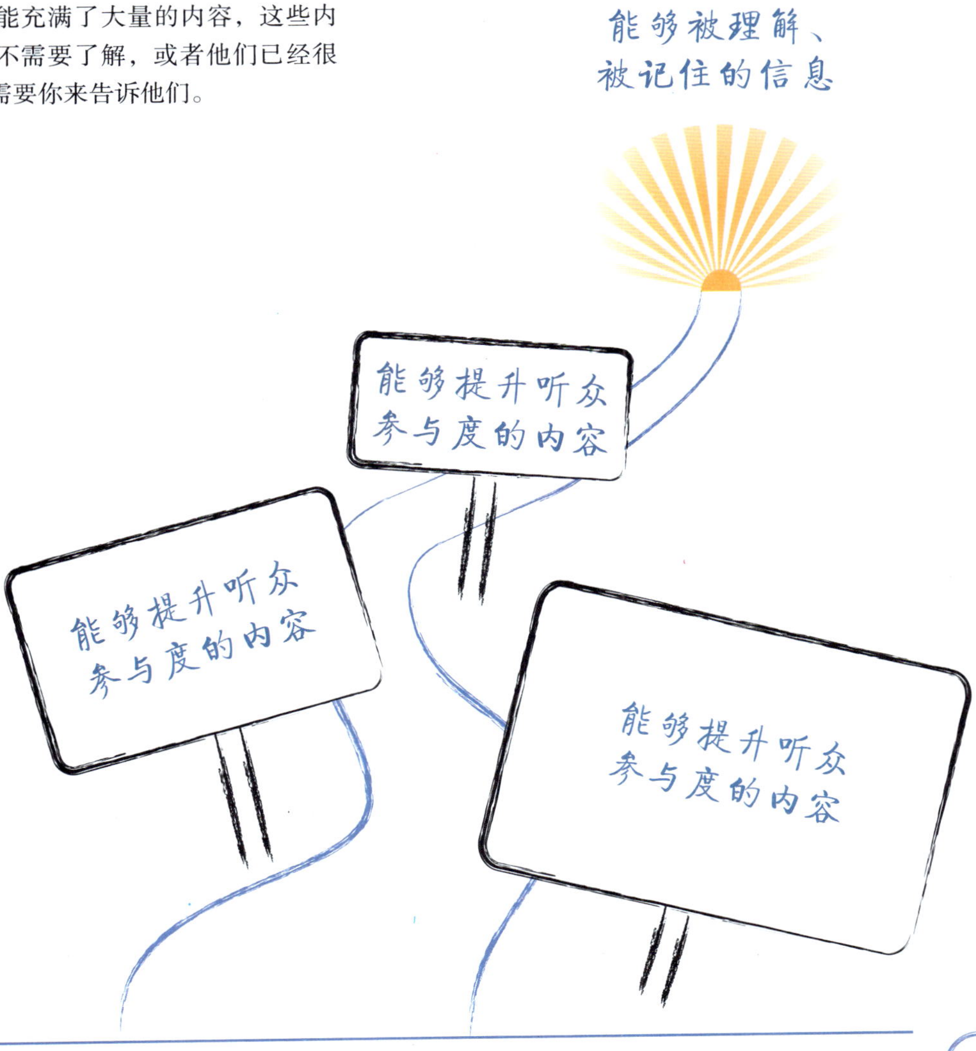

企业宣讲幻灯片的诅咒

询问任何一个 B2B 领域的销售人员最常用的销售工具是什么，他们很有可能拍一下笔记本电脑，骄傲地回答：“当然是我们企业宣讲的幻灯片”。

记录表明，这种过度依赖企业宣讲幻灯片的趋势令人有些毛骨悚然。这种众人皆知的幻灯片通常都是活生生的失败的企业演讲例子。记录还说明这不是一个人的错误，最开始的幻灯片模板很可能是由某个产品研发团队、营销团队、销售团队精心制作。每一个团队的初衷都是很好的。

产品：产品研发团队想要确保幻灯片中包含了产品所有的性能特点，从运行速度到处理器的大小都要包含在内。

营销：营销团队要确保幻灯片最终符合品牌的市场定位。他们希望没有人能针对幻灯片中的信息起诉该产品不符合实情，且保证如果任何竞争对手看到了这一幻灯片也不会了解到太多有用的信息。

销售：销售团队需要保证幻灯片最终能够让他们在销售时从竞争对手中脱颖而出。因此，他们会在幻灯片中加入很多炫酷的动画、幽默的图片、额外的文字等，从而确保任何新来的销售代表都能立即上手，旗开得胜。

这可不是成功演讲的配方，而仅仅是个开始。那些真正使用企业宣讲幻灯片的人（如销售团队）很可能自己增加了几张额外的幻灯片来解释演讲中比较复杂、晦涩难懂的部分；他们也可能把现有的模板换成一个他们网上下载的，或是去年公司会议上使用过的更酷更新的模板，并且（几乎可以肯定）他们加入了他们自己的照片、剪贴画，估计还有些假期中的旅行照片作为自我介绍的一部分。

所有的这些都是极大的犯罪，他们给一个信息量已经很大的幻灯片加入了越来越多的无价值内容，对演讲的质量有很负面的影响。这些内容之所以无价值，是因为内容中绝大部分——不管是原先就有的，还是新加入的——几乎和听众的需求没有任何关系。这些基本上都是关于“我、我、我”的内容，让本来信息量满满的企业宣讲幻灯片显得更加超重了。

如果这些你听起来觉得熟悉的话，那就继续读吧！

那么我应该选择什么样的内容呢

大多数演讲内容的问题通常都很简单：有太多东西了！

人们在准备演讲的开始阶段都害怕没有足够的内容可讲，但我们很少能看到演讲人在演讲中没有引用一大堆资料。一旦他们开始着手创建一个幻灯片，他们通常会使用弗兰肯斯坦方法作为第一选择。也就是说，他们把所有能找到的事实、图像等都放在一起，然后试图把他们按顺序排列起来，使之看上去好像很有序、很有逻辑性的样子。

虽说这种说法看上去是开始入手的自然方法，但这也常常是之后演讲失败的原因。为什么会是如此？原因有以下几点。

- 这些内容并不是为了迎合演讲的目的（必须—打算—喜欢）和信息的传递而拼起来的，你只是做了一个拼布床单，里面充斥着一些相对有用的信息，但缺乏一条主线贯穿整个故事。
- 你很可能在和听众们分享一些他们已经了如指掌的信息。这使演讲很可能变得无聊，甚至更糟糕的是，让你的听众们觉得你是在炫耀知识，故作谦逊。
- 一旦内容缺乏了重点，那么你就很难发现你应该保留什么信息，删除什么信息，以及它们应该如何被连载一起。可以想象，大多数人都会选择“最安全的方法”——把所有的信息都留下，以防万一。

这个问题是大多数演讲人普遍存在的问题，其中问题最严重的是那些有学术和科学背景的人群，产品研发经理以及那些被我们亲切地称为“OSMC”[①]的人们。

其实，内容精彩与否和多少无关。内容的价值在于它能从多大程度上支持你费尽心思想让听众记住的信息。

① 请允许我解释一下什么叫OSMC。OSMC的全称是守旧管理顾问（Old School Management Consultant）。这些人们有他们极其信奉的演讲风格，如十分擅于用大量图表、长长的报告把人们搞得晕头转向，演讲时通常还显露出目空一切的高傲神情。OSMC们之所以会这样做是因为他们认为演讲的成功与否取决于其产生的信息量，也就是说分享的信息越多，意味着研究得越全面、详细，最终对客户也就越有价值。

不幸的是，我们今天仍能感受到OSMC在商业领域中的影响，那些前途无量的商业领袖们都是从这些低效率、炫耀型的演讲风格中学习成长的。更糟糕的是，很多OSMC从管理一些大型项目直接跳到了管理整个企业，这使得全世界的企业文化都将充斥着复杂信息的大量幻灯片看作一种正常标准。

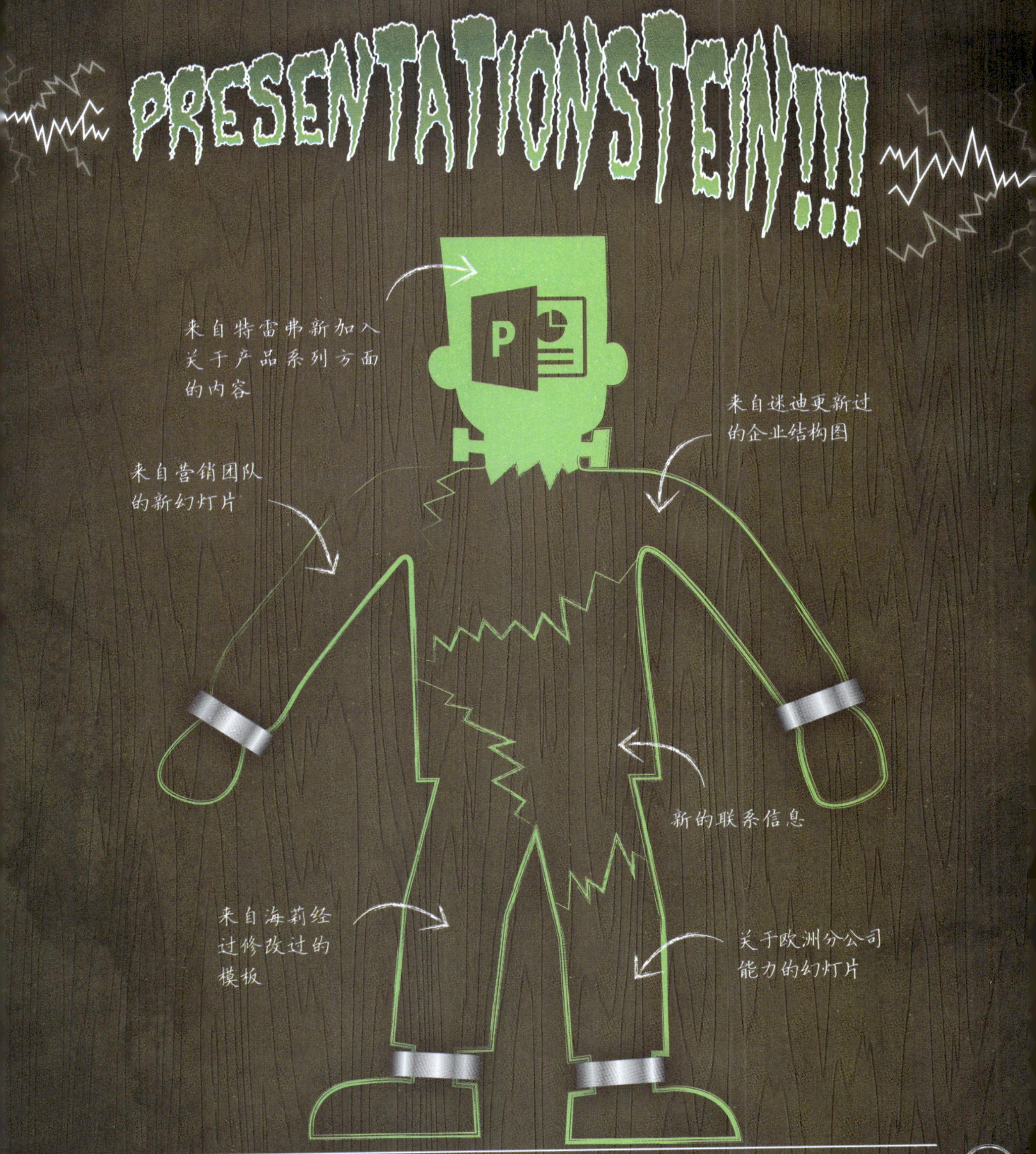
PRESENTATIONSTEIN!!!
来自特雷弗新加入关于产品系列方面的内容
来自迷迪更新过的企业结构图
来自营销团队的新幻灯片
新的联系信息
来自海莉经过修改过的模板
关于欧洲分公司能力的幻灯片

用音乐打比方

虽然听起来有些奇怪，但我们在分析内容的时候，总喜欢拿音乐打比方。美好的音乐能够通过调整节奏变得时而激烈，时而婉转，从而达到到奇迹般的效果。如果一个演讲也想与听众真正互动起来的话（最理想状态是情感上的互动），那么也需要像音乐一样遵循这些原则。

正如伟大的爵士乐音乐家查尔斯·明格斯（Charles Mingus）曾经说的……

我太爱这句引言了，我甚至把写有这句话的海报挂在了我办公室的墙上，让它时刻提醒我内容的简洁是多么重要。我也已经忘记了我曾经多少次把这张海报的图片发送给客户们，提醒他们要简化内容，只留下最精华的部分。

我是一个音乐爱好者，是那种什么类型的音乐都喜欢的人，爵士、摇滚、放克乐，甚至有时也喜欢一点民间音乐。每一种音乐的节奏和感觉都是不同的。

每一个人都能把简单的事物变得复杂，而创意是把复杂的东西变得简单。

查尔斯·明格斯（*Charles Mingus*）

虽然这些音乐类型各不相同，但也有很多相似之处。每一个乐队的乐手们有同样的和弦和乐谱，这是他们演奏音乐的基础。除此之外，它们都有一些能够打动人心的歌词，歌词的主题不外乎为这几种：

无论何种音乐类型，那些大腕级作曲者们都有一些共同点，那就是他们理解歌曲的艺术。伟大的音乐家熟知所有音符和和弦，但他们使用的时候会分外吝啬，目的是取得最佳的效果。我们很容易辨别出那些技巧上很熟练却没有音乐天赋的音乐人，他们经常做的一件事就是把尽可能多的音符和和弦放进每一支音乐作品中。

我本人并没有什么音乐细胞，但我有足够的知识知道大调不是为悲伤的音乐准备的，而小调不适合开心的曲子。但编写音乐远不止于此，你需要了解每一个音符，并使用最能够表达你想表达的情感的那个音符。

所有那些好听的、能产生共鸣的音乐之所以美妙，是因为音乐中那些被使用的音符和没有被使用的音符同样重要。一首作品的节奏、每一个停顿，以及它的灵魂都来自于作曲家选择音符的能力，即选择哪些音符能够传递他的信息，而哪些音符不能的能力。

以上这些同样适用于演讲内容。作为“演讲作曲家”，我们面临同样的挑战和选择。我们需要使用那些最相关、最有力的内容，并在最适当的时候使用它们，与此同时头脑还要明确使用它们的目的。

演讲作曲家

THE PRESENTATION LAB

用奥卡姆剃刀把你的内容修剪一下

D2

Element　A B C **D** E F G H

> 所有的事情都应该尽可能地简单，但不需要更简单。
>
> 阿尔伯特·爱因斯坦（Albert Einstein）

内容是商业领域的演讲人们面临的最大挑战之一：内容中的平衡十分脆弱，一不小心就会被打破。

如果你为演讲添加了太多内容，那么它就会变得缺乏灵活性，动弹不得。这就像你的演讲超重了，变得软塌塌的，经常气喘吁吁，最后慢慢停滞不前。

如果演讲的内容太少，那么整个演讲信息就好比建立在沙子上，演讲就会变得非常脆弱，让你的信息很容易被听众质疑。

所有的一切归根到底都是剪辑的艺术（或者说，是演讲中自我剪辑的能力）。剪辑这种艺术形式很少得到人们的重视。剪辑的重要性在电影和电视领域经常被忽视了。（你能叫出那些获得过奥斯卡最佳剪辑奖的剪辑师们的名字吗？不能，我也不能。）

电影剪辑通常被视为仅仅是导演、编剧和演员们的一个技术助理。但就是他们在剪辑室里的工作——选择什么应该留在电影中，什么应该被删除——很大程度上最终决定了电影的效果。对于演讲剪辑来说，剪辑就是要在刚刚好的内容和过多的内容之间保持这个脆弱的平衡。知名电影剪辑师沃尔特•默奇（Walter Murch）曾很好地描述过这个工作："快餐店厨师和脑外科医生之间的界限"。

编辑是一项不简单的工作，很不简单。你怎样才能确保你掌握了平衡呢？目前为止，我认为最容易的方法就是首先问自己一个简单的问题：

我需要和听众分享什么信息才能确保他们对此有足够的背景知识，从而能够参与到我的信息中？

请注意一点，演讲内容的首要目的是支持你要传达的信息。一个冗长无力的演讲中充斥的内容要么显得很浮夸（最好的情况），要么简直就是噪音（最差的情况），也因此显示出演讲人没有逻辑性且缺乏对自己演讲内容的了解。大家也许能回想起学生时代写论文的时候，把一堆信息堆砌成一篇论文远比自己着手写一篇简洁、重点突出的论文要容易得多。前者说明你根本不理解你写的是什么，而后者则说明你确实理解了。创建演讲其实也是这个道理。

那么你该如何找到重点，建立一个内容有重点的演讲呢？还好你不是唯一一个询问如何决定应该分享什么关键信息的人。学者、科学家和编剧们都曾为这个问题而苦恼，千方百计地找出什么应该保留，什么应该舍弃。我们的答案很大程度上借鉴了一个叫做奥卡姆剃刀（Occam's Razor）的理论，这一理论提供了解决这个问题的一个很简单的方法。

这个方法的思考原理是很直接的，如果对同一件事有两种解释，那么更简单的那个往往是正确的。

从科学的角度来看，这说明极力钻研过多的细节和异想天开的想法，往往会带你走入死胡同。从另一方面来看，坚持对你来说最基本的信息通常会引领你得到正确的结论。

这个法则适用于演讲内容。尽可能地保持简洁、清楚、不混乱，从而达到你期望达成的结果。不必要的内容不仅会妨碍听众的参与度，还可能会把你引到进退两难的死胡同。

史蒂芬·霍金（Stephen Hawking）非常擅长把复杂的事情通过简单的方式与人交流。霍金在他的《时间简史》中曾提到过奥卡姆剃刀原理：

我们仍然可以想像，对于一些超自然的生物，存在一组能够完全决定事件的定律，它们能够观测宇宙现在的状态而不必干扰它。然而，我们人类对于这样的宇宙模型并没有太大的兴趣。看来，最好是采用称为“奥卡姆剃刀”的原理，将理论中不能被观测到的所有特征都割除掉。

这一方法很好地支持了演讲实验室“简单不代表愚蠢”的口号。也就是说，通过在内容中最相关、最重要的元素上下工夫，你就能想出一个快速、吸引人的解释来支持你的信息。每一种类型的听众，无论是事实型的还是视觉型的，都需要一些基础内容作为铺垫，从而让他们能够以此建立自己的观点。如果基础内容变得过于复杂或过于薄弱，或是假设过多，那么你和你的信息就会有麻烦了。

把奥卡姆剃刀理论应用到你的演讲当中会很费时间，且需要多次练习。作为商业演讲人，自然会很熟悉那些你曾花了很多小时、很多天、很多周，甚至是很多个月创作出的内容。因此，筛选的过程就该是考验我们是否能够做到“铁石心肠”的时候了。

关于奥卡姆剃刀理论的内容占用了这么多的篇幅，最后我还要再告诉大家一些信息。奥卡姆剃刀理论之所以能够出现，和当年它的贬低者是分不开的。

互联网上人们关于爱因斯坦在试图定义和解释他的“空间—时间”波动理论时是否使用过奥卡姆剃刀理论的争论从来没有停止过（别担心，这不会出现在考试中，我不会浪费我们彼此的时间来解释空间—时间是如何波动的，以及为什么我们要对此感兴趣）。

爱因斯坦当时坚持一个基于他的相对论的、非常直接的方法，来定义他理论中的一个考虑相当全面的公式。尽管我到现在为止也没有搞清楚公式的内容，但我知道它是建立在该领域里人们都能理解的、一个已证实的方程中的已知元素。

与此同时，爱因斯坦当时的对手亨德里克·洛伦兹（Hendrik Lorentz）正在研究关于时间—空间的理论，且已经得出了结论：物体运动通过乙醚导致波动。然而洛伦兹关于乙醚的理论太复杂、太理论化了，很少有人能够明白，所以慢慢地，学术圈和物理界的人们都倒向了爱因斯坦的理论。

所以，奥卡姆剃刀理论的核心概念“简单即是美”再一次赢得了胜利。要不是奥卡姆剃刀理论，估计全世界的学生宿舍里挂的可能就是安迪沃霍尔所画的洛伦兹画像，而不是爱因斯坦画像了。谁知道呢，总之奥卡姆剃刀理论是个强大的工具。

演讲实验室剃刀——准备

我们在紧紧着眼于奥卡姆剃刀理论（和对它的怀疑）的基础上，发展出了不同的方法，从而帮助客户摒弃演讲中大量不必要的内容。这些方法对无论是从零开始制作的演讲，还是利用已有的幻灯片制作的演讲都适用。

这两种情况都需要我们研究最基本的内容编辑法则，以及我们的老朋友“8 个认知交流原则”——其中的三条原则与我们的方法切实相关。

和从前一样，把你所有的内容摊放在一个很大的平面（餐桌、书桌、地板都可以）上，然后去喝杯咖啡休息一下。让自己从费尽心思准备的内容中暂时抽离出来是很重要的一步。

一旦咖啡冷却到了可以小口喝的温度，你就可以返回到演讲内容的准备当中，开始把下面这些得到广泛认可的心理上的因素考虑进来。

兼容性

兼容性能够确保演讲中所有的元素都能够非常和谐地工作，仿佛它们是一体的，无论是从内容的角度还是图像元素。一旦你的演讲内容中有一样与其他不兼容的东西，那么它就会十分突出，分散听众的注意力，并且毫无意义。

关联性

另一个考虑因素是技术关联性。关联性最好的定义就是“只见树木不见森林”。关联性关注的是人类大脑中超乎寻常的自动解决问题的能力。

如果内容太少，那么听众需要自己去填补想象中的空缺。这就会带来不可避免的风险，即听众们会自己得出不正确的结论，从而威胁你的信息的能力和影响力。同样，如果提供的信息过多，那么听众可能就会直接跳到过滤模式，这样做同样也会带来风险，即听众会筛选出错误的信息。

这一难题的解决办法很明显：永远只使用那些和你信息完全相关且能支持你的信息的内容。

辨别力

最后，我们还需要考虑辨别力原则。辨别力是描述最基本的演讲原则的一个很时髦的词。让每张幻灯片上都承载大量的内容是一点好处都没有的，完全不能让听众参与到演讲中来，更不能帮助你传递你的信息。

用大量的内容（不管它们是否相关，是否能够支持你的信息）来对听众进行狂轰滥炸，这相当于给予听众们超载的信息量，最终只能导致他们失去注意力。听众们需要你来帮助他们辨别出你想让他们获得的信息，并以正确的顺序、在正确的时间来消化这些信息。

演讲实验室剃刀——明确和精简

现在最基本的工作已经完成，你可以开始明确并精简你的内容，最终使最强大且最相关的内容留下来。

选择 1
制作一个全新的炫酷幻灯片

准备幻灯片最简单的方式就是从零开始一点一点制作。一旦你按部就班地理解了听众组成，调整了你的信息，并制作出了一套故事流文档，那么接下来的工作就容易多了。你只需朝着正确的路线前进即可。

故事流文档可以起到很好的指示作用，告诉你哪些部分应该留在最终版本的演讲中，而哪些不应该。在经历过创建故事的整个过程之后，你会发现自己已经删除了结构中很多多余的信息，并且明白了任何不必要的内容都会影响信息传递的有效性。

明确了这一点后，你就尽管选择那些对听众来说**真正有必要**的信息，那些和故事流文档一脉相承的信息吧。任何留在剪辑室地板上的东西都可视为是不必要的。

选择 2
优化一个现有的幻灯片

虽说白手起家做一个幻灯片是件很好的事情，但事实是我们往往要面对一堆以前演讲用过的现成模板，或是来自不同来源的一堆没有整理过的 PPT。尽管我会强烈建议你从空白页开始做起（即从始至终按照演讲优化过程来进行），但我也不得不承认现实情况往往并不给你这个机会——因为你可能会需要在很短时间内东拼西凑出一个演讲。好吧，针对这种情况，请往下阅读。

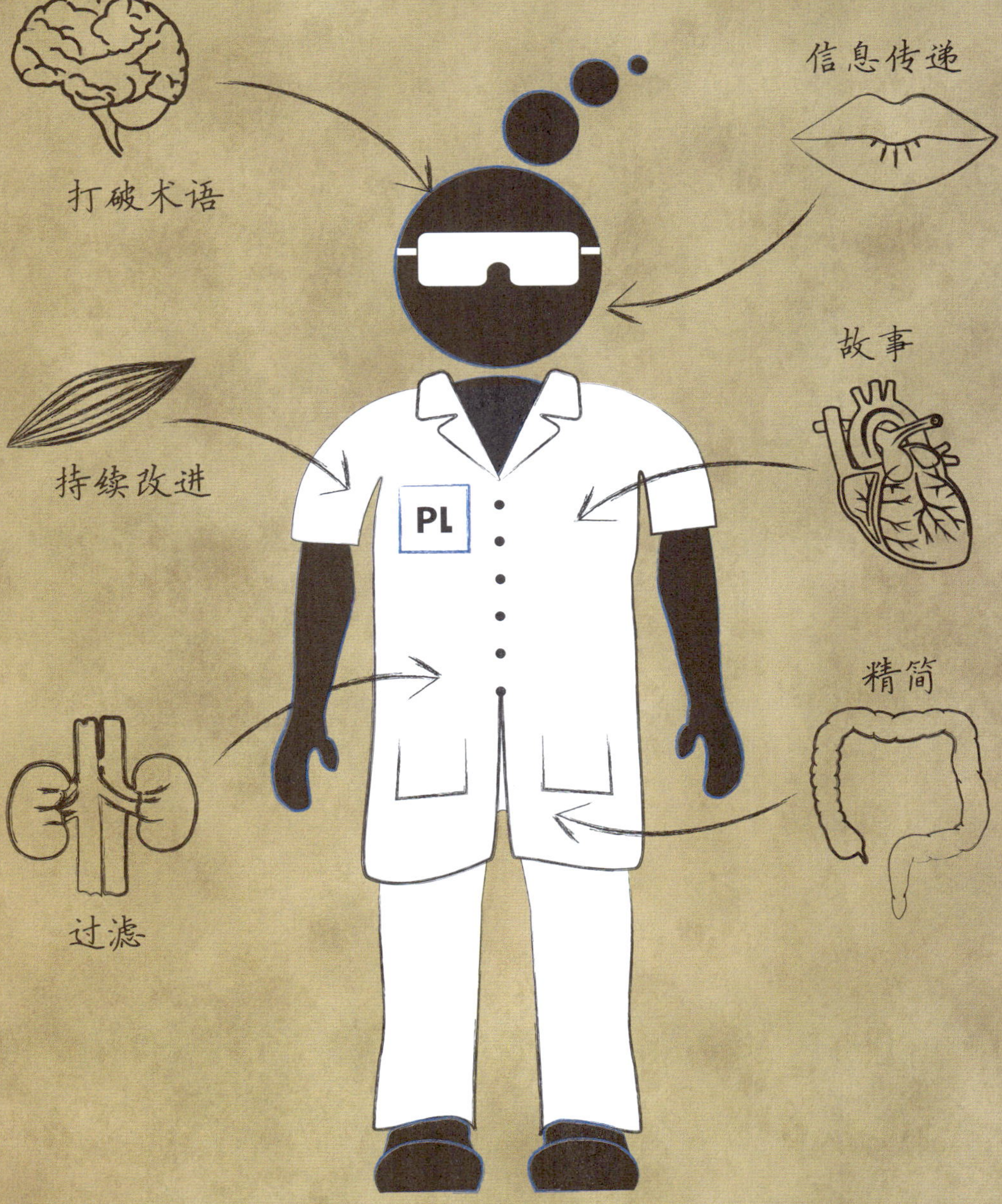
打破术语
信息传递
持续改进
PL
故事
精简
过滤

阶段 1　信息传递

你在现有的幻灯片（或是收集到的一些幻灯片）上制作你的演讲并不能让你免除再次审视你的信息这一步骤。要么花些时间来建立信息，要么重新审核信息，这样你才能够保留最好的内容，摒弃多余的内容，从而使演讲的成功率大大提升。

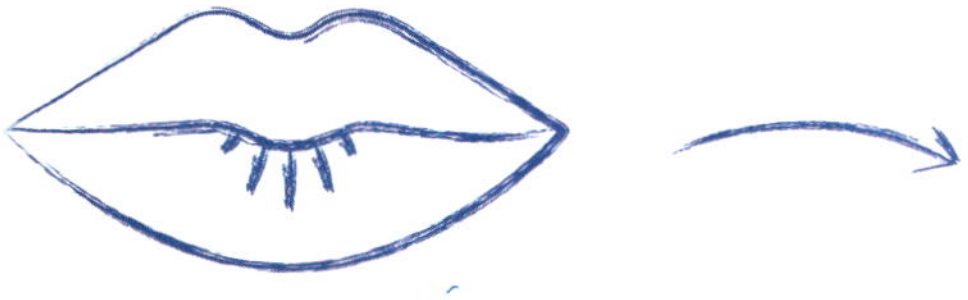

考虑一下你的新听众和他们的事实型 / 情感型 / 视觉型热图档案。他们从你的信息里带走的内容中有没有你先前没有考虑到的？他们的“必须做的”、“打算做的” 和 “喜欢做的” 分别是什么？

阶段 2　故事

你可能会认为如果使用一个现有幻灯片，那么故事就已经存在，所以就不需要再准备了。然而，花些时间再次审阅这些故事内容能够让你更加自信地做出一个更加简洁的幻灯片。

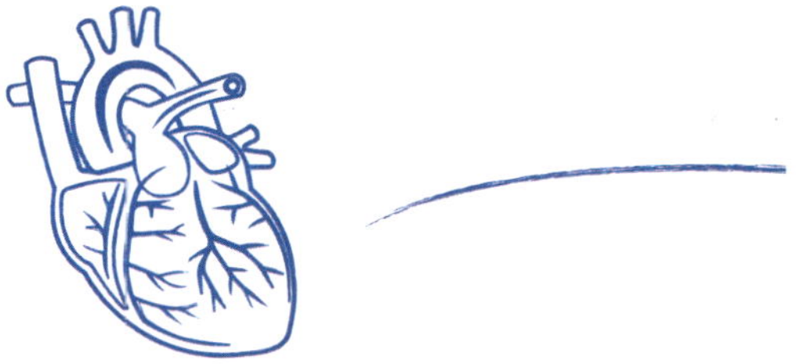

想一想，故事该如何能够引起不同听众类型人群（事实型、情感型和视觉型）的共鸣，考虑你将如何确保你自己对这些都一清二楚。一旦这些目标达到，你就可以步入下一阶段——使用正确的内容来支持你的故事。

阶段 3　过滤

这一阶段相对来说比较简单，只需找出你的内容中哪些部分能够帮助听众理解你故事中的每一个细节即可。同样，理解听众的背景也可以帮助你很好地完成这一步骤。你的内容中事实型、情感型和视觉型内容的比例各占多少？

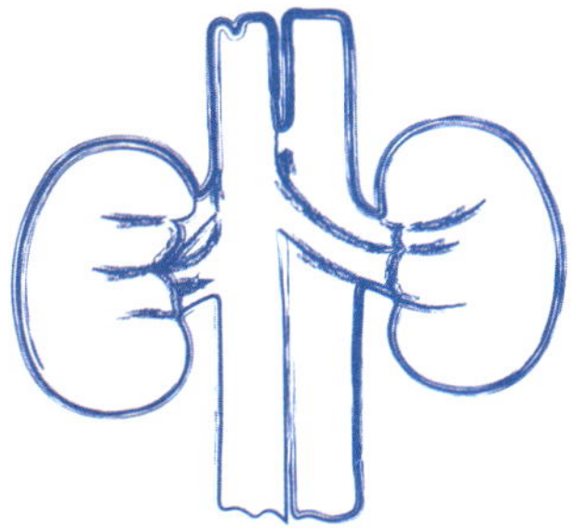

过滤掉不能帮助你达到这一目的的部分。比如说，在幻灯片中显示出你很努力地做了很多工作，十分了解你演讲的主题。这些内容会让你感觉很好，但这并不能对外部采购团队做出最终决定产生影响。在演讲中一定要留下对听众来说最重要的内容。在随后发给听众的纸版材料中你可以使用剩下任何你想包括的内容。

阶段 4　打破术语

术语是一种特别现象。商业演讲人们常注意不到它们是怎么出现在演讲中的。在经历了几个不太成功的演讲之后，演讲人在重新审阅幻灯片的时候，会突然意识到幻灯片、注释、文字中出现了很多三个字母的缩写单词，而这些缩略语对你我这样的非专业听众如同天书一般。

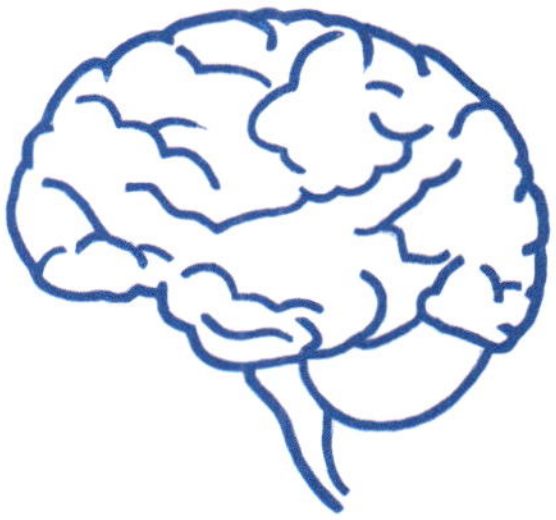

今天，商业术语的滥用已经到了忍无可忍的地步。人们不再认为它们是专业知识，或是更高智商的象征；相反，人们觉得术语枯燥无聊。除此之外，听众很有可能会因为不能理解这些术语而对演讲失去兴趣。听众会因此很快分散注意力，从你的信息中抽离出来。这应该提醒你注意一个关键的演讲准则，那就是作为演讲人，你的首要任务是让听众参与到你的演讲内容中来，且并不觉得有任何不适。如果听众不能投入，那么问题不应该在于听众缺乏理解内容的能力，而是在于你处理内容的方式。

如果你害怕自己已经失去了分辨术语和普通语言的能力（在我们身上经常发生），那么找一个工作圈之外的朋友来帮你检查一下。你可能会惊讶地发现你的词汇中掺入了多少外行人难懂的术语和行话！

不光是在商业领域，在英国社会的各个地方都充斥着太多让人费解的术语和冗赘的语言，以至于英国建立了一个叫做“简明英语运动”的组织，旨在找出使语言复杂化的“罪犯”，并表彰那些使用语言简单、直接的沟通者。

一些人认为复杂的语言和花哨的文字是学术能力的象征，这是不正确的。历史上最伟大的沟通者（现在也一样）都坚定不移地认为，简单的语言才是最有力的。丘吉尔曾通过一篇官方文章表示：“这种英语我实在是难以忍受”。

撒齐尔夫人，英国前首相，摘自一封写给“简明英语运动”的信。

把你的演讲中的行话和术语去除掉可以一石二鸟：首先你精简了内容；其次，你增加了听众理解你演讲内容的概率。

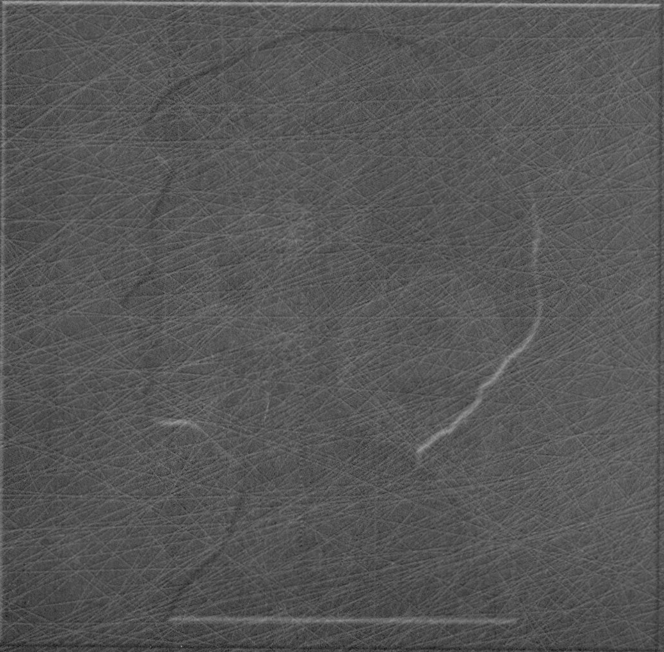

阶段 5　精简

到这一阶段之前，你应该已经一切尽在掌控之中了。你所选择留下的所有内容都应该是有价值的，并且以能够支持你关键信息的方式来排序。你已经摘除了所有不必要的所谓“企业成长史”之类会慢慢抹杀听众注意力的内容。

但你还需做一些事情。

阶段 6　持续改进

短期——返回阶段 4，并在每一次会议之前进行重复。

长期——返回阶段 1，并在每 6 个月至少重复一次。

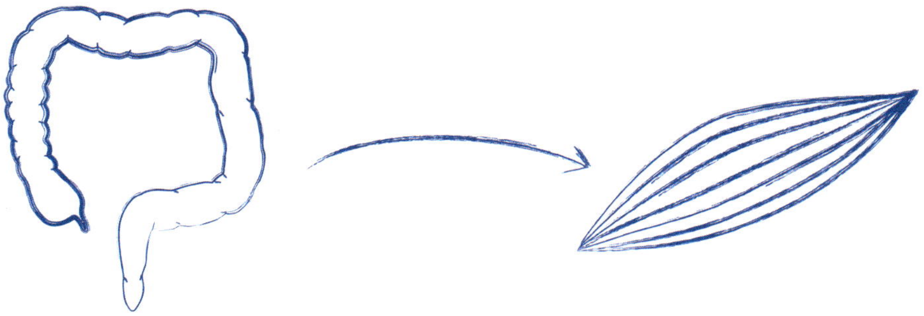

这一阶段的主要任务是对你的内容进行微调。你应该去掉一些浮夸的词汇（如果你是现场进行演讲的话，那么丢弃不必要的形容词和动词相对容易），并且开始使用图标和图像来传递信息和数据。

从根本上说，找到正确的内容其实就是让内容保持相关、有序，并且尽可能地简单。一旦明确了这一点，我们就可以将注意力转向用有价值的图像把信息和内容变得生动的步骤了。

THE PRESENTATION LAB

有价值的图像

D3

Element　A B C **D** E F G H

世界上有一些规则和法规人们已经习惯漠视，不去遵守。

比如说，在英国，高速公路的限速是每小时70英里。然而，我不记得上一次看到驾驶速度在80英里每小时以下的车是什么时候了，尽管司机们都很明白，限速是为了保护司机和行人、避免出现交通事故。

另一个例子是年轻人初次饮酒的年龄。当然，法律是有规定的，但整个社会似乎接受了青少年饮酒年龄的提前，只要这些人没有出现安全问题，就没有人有任何麻烦。制定这项法律是为了保护年轻人的健康和幸福，然而大多数却对其视而不见。

具体到演讲室演讲，商业人士都知道幻灯片中使用大量的文本都不是好的办法，这和他们了解并认可的最基本的演讲规则相违背，他们会毫无疑问地承认太多的文字会扼杀听众的积极性，从而降低了达到演讲目的的可能性。他们深知这一点却依然这么做，这从另一个侧面反映了大多数的商业演讲有多么失败。

但他们还是一次又一次地做着同样的事情……

这真是个不可思议的现象，尤其是这些人都是非常专业又理性的商业人士，他们都深知自己就是问题的原因，却拒绝改变。

所以，在我们开始创建视觉图像来支持你的演讲信息之前和分享内容之前，先让我们来作几个假设。

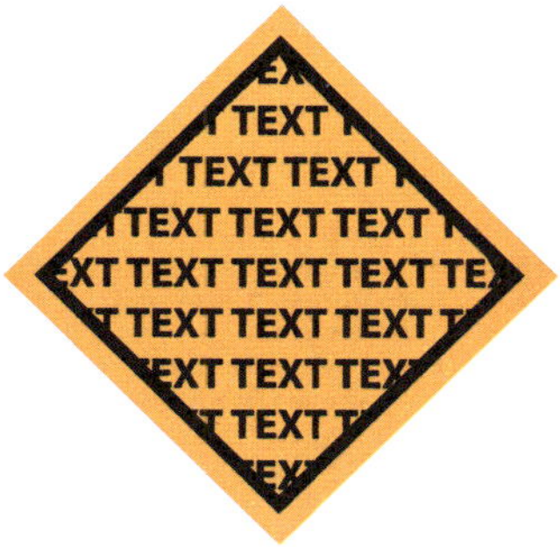

假设一：你是一本书的读者，已经知道在幻灯片中使用太多的文字和分散注意力的动画、视频是不好的，而选择强有力的可视化图像才是好的。

假设二：你已经知道如何在你选择的幻灯片工具（不管是 PowerPoint、Keynote，还是其他什么商业圈中流行的软件）中添加图像和视频。

假设三：你不能无限制地从图片库中购买高像素的图片。同样，你也没有能力使用 Photoshop、Illustrator 等图片处理软件。

以这些假设为前提，让我们看一看有价值的可视化图像能够对你的幻灯片有什么影响，以及如何确保你每一次都可以呈现最好的视图选择。

THE PRESENTATION LAB

一张图片胜过千言万语

D4

Element A B C **D** E F G H

Helium Nitrogen Oxygen Argon Carbon Dioxide Neon Methane
Oxygen Hydrogen
Aluminium Titanium Steel
Sulphur Hydrogen Helium Oxygen Carbon Nitrogen Silicon Magnesium Neon Iron
Picea Sitchensis Sitka Spruce
Lolium Perenne
Petroica Macrocephala Tomtit
White-tailed Deer Odocoileus virginianus
Calcium Carbonate

可视化的力量

也许可以通过一个类比来阐明我的观点。

很多人可能觉得用这句老掉牙的谚语“一张图片胜过千言万语”作为介绍可视化部分的开场白实在有些站不住脚。正如那些商业演讲人们忽视的其他法则一样，如果你能深入挖掘，你就会发现这句老掉牙的话其实简单清晰地总结了演讲中可视化的重要性。

毫不夸张地说，当我们考虑如何来将演讲信息可视化的时候，风险又提高到了新的高度。如果你能正确解决图像的问题，那么你就能把听众牢牢拴住。如果你在图像上没有把握好，那么你可能会让听众困惑、分神，而这一结果是不可挽回的。

图像 + 信息的力量

精挑细选出的图像不仅能够帮你显示出信息的重点，并且还能将信息渗入到听众的心里。在一个演讲中，让听众记住你的信息并分享你的信息和采取行动的往往是可视化。

可视化和信息之间的联系是演讲实验室方法的重要部分。这两者共同作用产生的效果比单个作用产生的效果要大得多。

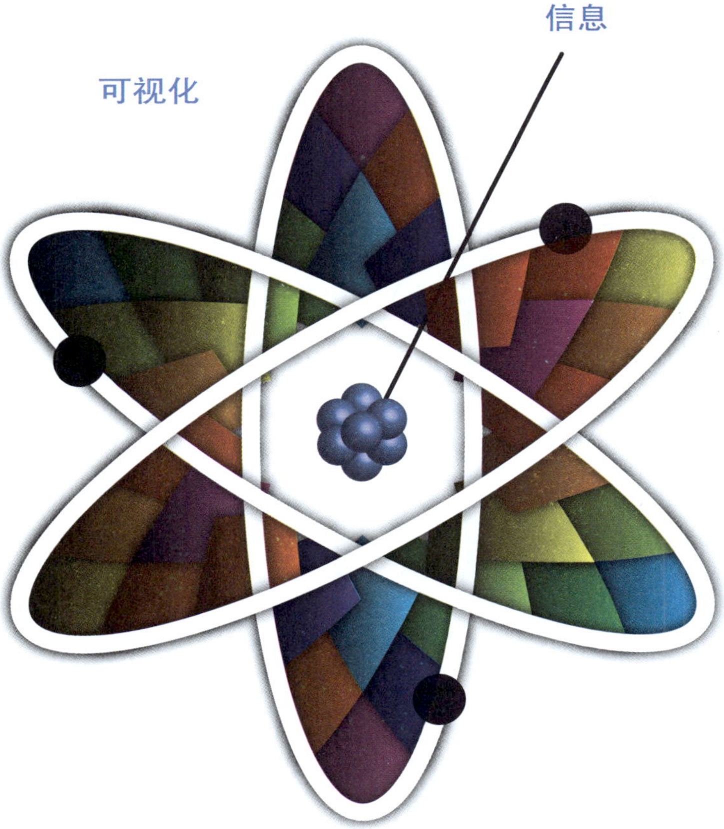

科学的依据

令人高兴的是，有众多科学证据支持这一观点。加州州立大学的保罗·马丁·莱斯特（Paul Martin Lester）在他名为“视觉传播的句法理论”的研究中得出结论，人们通常能记住他们听到的10%，他们读到的20%。

到目前为止，一切都和艾尔伯特·梅拉比安（Albert Mehrabian，见$D_{3章}$）的理论相一致。然而，信息如果是由可视化和口头的混合形式呈现的话，人们能够记住的部分高达80%。这对任何想要与大家分享重要信息的演讲人来说都是再好不过的消息了。

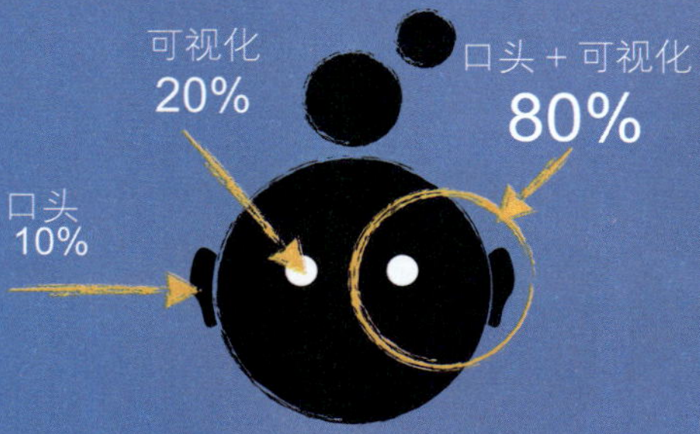

沃顿商学院经常被人引用的研究表明：

67%的听众认为，将可视化和语言结合使用的演讲人更具有说服力——这对任何销售人员来说都如悦耳的音乐般美妙。

大多数演讲背后的动机都是为了说服他人。人们之所以愿意经历做演讲这一系列可怕的过程，其主要原因就是为了说服听众来跟随他们提出的做法去执行。因此可以理解，演讲人为什么总是在寻找能够让他们的演讲与众不同的元素并让听众思考。波士顿学院的安·玛丽·巴丽（Ann Marie Barry）表示，结合了强有力的信息的图像很可能是关键所在：

是可视化沟通让人们有了认知性的思考，并自发地让人们作出某种反应。

所以作为演讲的元素之一，可视化的力量是无限的，而这一力量背后的逻辑是相当显而易见的：

- 我们用可视化的方式思考；
- 我们用可视化的方式记忆；
- 我们用可视化的方式参与到事情中，远大于使用其他感官。

毫无疑问，这也是为什么人们在一心一意聆听和思考的时候会闭上眼睛，这都是因为我们想关上其他主导感官的缘故。

我写歌的风格受电影的影响。我是一个十分焦虑的电影制作者。一次，有一个歌迷跟我说："你让我在脑海中看到了画面！"我认为这是很大的赞扬，而这也恰恰是我的初衷。

琼妮·米切尔（Joni Mitchell），歌手，激进分子

出于这一简单的原因，演讲中的图像有不可思议的力量，因此需要得到足够的重视和尊重。花点时间回想一下在你的人生中因为一些图像而引起的强烈感情吧。这些感情往往来自于极其私人的图片，如你孩子长大成人的照片做成的电脑屏保，一张来自你婚礼相册中的老照片，或是一张你从小生活的房子的拍立得。那种看到这些私人物品时产生的情感有着不可思议的力量，它能让你陷入思考。

但情感力量强大的图像不一定都来自你的个人经历，它们也可能来源于你在这个社会的归属感和自我认同感。1984 年，一位过气的流行歌手被电视中埃塞俄比亚饥荒画面所感动，于是发起了一项运动，而这项运动彻底改变了人们看待慈善的方式。

电视中埃塞俄比亚濒临死亡的儿童的画面让盖尔多夫爵士（Sir Bob Geldof）得到了灵感，那时的他是一个摇滚乐队的主唱，日子过得不错，却没有那么知名。

于是，盖尔多夫爵士发起了一系列的活动，从组织发行一首慈善单曲，到在 1985 年举办一场跨太平洋的流行音乐会，而当时举办这种规模的音乐会是很困难的！单四海一家（Live Aid）演唱会就筹得了超 2.8 亿美元的善款，而那场演唱会被全世界超过 60 个国家的 4 亿观众观看。

一个伟大的人创造的伟业，将因这些不可思议的画面闪耀。

图像的力量可以让人们做不可思议的事情，跟随不可思议的想象力或开始以不同方式思考。因此，作为演讲人的我们要义不容辞地使用正确的图像在整个故事中引导听众，从而支持我们的信息。

那些场景绝对地吸引人。从一开始就非同寻常，绝对和电视不一样，而是像斯巴达克斯，很广阔而且是灰色调，灰色的缝隙慢慢变成灰色的空间。

然后摄像机对准了我们，就像是独眼巨人，就在那里……它完全把你吸引住了。

鲍勃·盖尔多夫（Bob Geldof）

在使用某些类别的时候一定要小心。这里有一个关于一家IT公司的故事（可能是虚假的）。他们在挺进又一个财政年之际，想赢取销售团队的心，正如该行业通常的做法一样，他们决定在伦敦举办一场大型销售会议，并把他们的代表派往世界各地推广新产品、分享经验，并让他们的CEO、CMO和企业的其他领导“向他们开炮”。这是一个屡试不爽、值得信任的方法，于是他们兴致勃勃地投入到项目之中。

到目前为止一切都没有问题。

该企业意识到了这一活动中主题的重要性。他们知道可以使用可视化来支持主题，如可以用相关的视频，并用其作为把不同演讲人的演讲整合到一起的方法。考虑到时间紧迫，会议组织者决定把主题定为“重生”。这一主题能够让他们感受到无论当下多么艰难，无论竞争多么激烈，无论你感到多么沮丧，总会取得胜利，最终站上巅峰。所以会议将是庆祝人类精神的坚韧和勇敢（适用于IT营销）。

到目前为止一切都好。

然后事情到后来就彻底变质了。

公司里的某个人决定放弃经常被引用的很老套的类比：体育运动员们从逆境中奋斗。而是选择了使用纽约“9•11恐怖袭击事件”。他们认为如果纽约以及整个西方世界能够从如此悲惨的事件的阴影中走出来，那么其他人也可以。

通过和强大的个人奋斗进行对比，这很有趣。但你可以理解这个想法的来源是什么。美国人，尤其是纽约人面对恐怖袭击时的反应确实令人鼓舞，这的确展现了人类精神的力量。然而，作为一个视觉化的比喻，这些太过粗糙、太过沉重了，用做一个企业的会议主题不太合适。

幻灯片中出现了纽约废墟的照片，一开始用了视频来展示这些场景。整个演讲的主题充满了悲剧的元素。

显然，听众们对这种拙劣的对比感到震惊。听众中的一些人在“9•11事件”中失去了朋友和亲戚，还有人听说过周围有人曾受到过该事件的影响，而剩下的人当天听到新闻的时候感到过同样的恐惧和悲伤。

整个比喻起到了事与愿违的效果，从组织者到听众都对此感到震惊。

使用视觉元素是一个让你听众保持注意力很好的方法。有效地使用图片能够激发听众的想法、情感和热情。但重要的是一定要挑选对的图片。使用震撼具有挑逗意味的图片的确可以抓住人们的注意力，成为话题（但通常出于错误的原因），但最终会在听众和你的信息之间产生障碍（之后会再回到这个话题）。

总而言之，在选择图像上一定要小心行事。

视觉语言的超级力量

如果简单的可视化是让听众集中注意力，分享你的信息的好办法，那么一旦你理解了视觉语言的影响力和重要性，你的演讲就会提升到一个新的境界。

所谓视觉语言指的是什么呢？用一个简单的例子来说明是再好不过的了，如下图所示。

图中所展示的视觉语言对你的听众来说有些牵强。下图是一个漂亮的房子，四周是美丽的树木和蓝天。但你的听众看到此图的第一反应更多是其引发的感情，而不是它讲述的事实。

这张图也许会让一些人想到他们自己的家，以及在家中所感受到的温暖和安全感，另一些人可能会想到他们的理想，也许是搬到新房子，或是努力购买一幢像这样的房子。它还可能会让人们想象阳光下欢乐的家庭时光，和孩子们在花园中玩耍，和朋友们一起吃烧烤的情景。

一张简单的图片所激发的情感可以有很多。而其潜在的风险在于，演讲人可能不能完全控制图像引发的情感。但在思考过后，你可以大致领会这张图片可能会对听众产生的影响，但在这一阶段，控制听众情绪更重要的是让听众对图片产生情感。你应该鼓励他们使用图片来创建一个属于他们自己的故事，而不是填鸭似地向听众填塞信息。

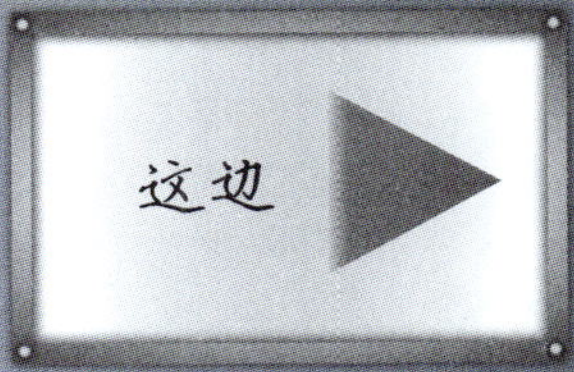

随着我们为这张画有房子的图片配上辅助文字，听众对图片产生情感的概率也会随之下降。一个简单的信息会突然把听众从引发的情感中抽离出来，开始引领听众走上一条特定的道路。

随着我们加上更多的文字（可以被称之为“内容”），我们就越来越不能回到图片最初所激发出来的原始情感中。

坐落于美丽乡村的房子，带有宽敞的停车位。

到这一步，我们更多的是在关注物质结构，房子的格局，而不是作为房子所引发的情感。尽管这些辅助文字信息对那些由房地产经纪人组成的听众来说是有用的，但情感上的回应早已经消失得无影无踪了。

你一旦开始在图片间添加更多的文字，你就减少了人们创建属于自己的信息的可能性。

那么怎么办？

我们不能忘记让辅助文字有空间“呼吸”。

无阻碍的辅助文字能够激发强烈的情感，而这能让演讲人产生奇迹般的效果——让信息更持久。

管理一群喜欢沿着自己的记忆轨迹回忆的听众是很重要的。你需要用情感刺激听众，同时还要确保他们不偏离你的轨迹，始终沉浸在你的信息中。这里的技巧是在整个过程中用其他刺激物辅助你选择的强有力的可视化图像，所为刺激物可以是你精心挑选的文字，或是你口头上的语言，或是故事的结构和顺序。

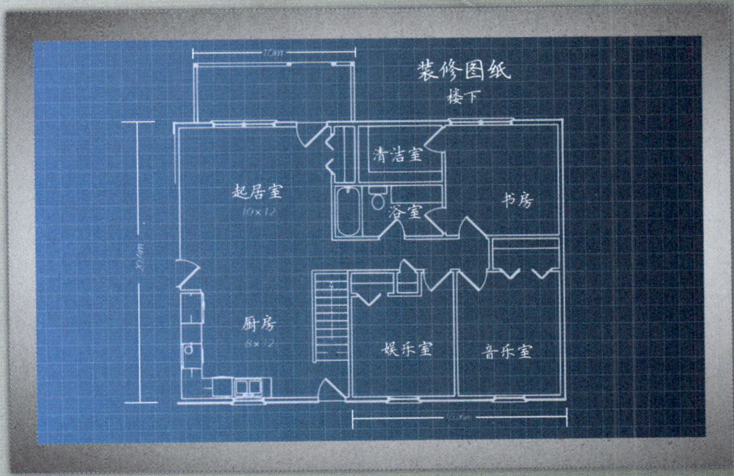

小心“第二个故事症”

正如我已经解释的那样，可视化是演讲中十分有利的元素。它们有力量来吸引听众，激发听众产生灵感，并让听众踏上想象之旅。

然而，你需要小心驾驭这种能力，因为没有控制的可视化会在听众中激发出最出人意料的想法，从而使他们的思绪漫游，让你不得不努力把他们从飞扬的思绪中拽回来。

“第二个故事”的威胁，在很多真实演讲中普遍存在（见演讲风景部分）。所谓“第二个故事”是指听众被视觉元素最大程度地吸引，因此与演讲人的互动很少甚至没有。任何极小的细节都可能引起听众的注意，可能是一个无意的打字错误（通常说明演讲人在前一天晚上还在赶工），到使用某种字体都可能。你的听众的视觉感受被强化了，他们会紧抓住任何一个小细节不放。

这为“第二个故事”再次出现提供了绝好的机会。

“第二个故事”指的是你说某句话、做某个动作等引发了听众脑中出现了独立于你演讲内容的思绪。电脑屏幕上出现了一张照片可能会让某人头脑中出现一次辩论。

“嗯……有意思。他们为什么选了苹果电脑的一张图片？ Windows 吗？他们的软件能不能在 Windows 系统上运行？他们是不是觉得在一个普通的 Windows 电脑上被看到不够酷？也许他们有些自大？我注意到演讲人使用的是 Windows 系统，这是不是说明他们的产品不够档次？”

所有这些在某个人脑海中产生的对话都仅仅是从一张无辜的图片引发出来的。

真正的问题在于没有办法避免“第二个故事症状”。看到一张图片引发的第一个想法在我们利用视觉语言中起到了极其重要的作用。这能帮助你锁住你的信息——所以你应该好好地利用这一现象，但一定要注意这也可能导致听众产生你不想要的想法。

而你也很有可能拽不回他们。

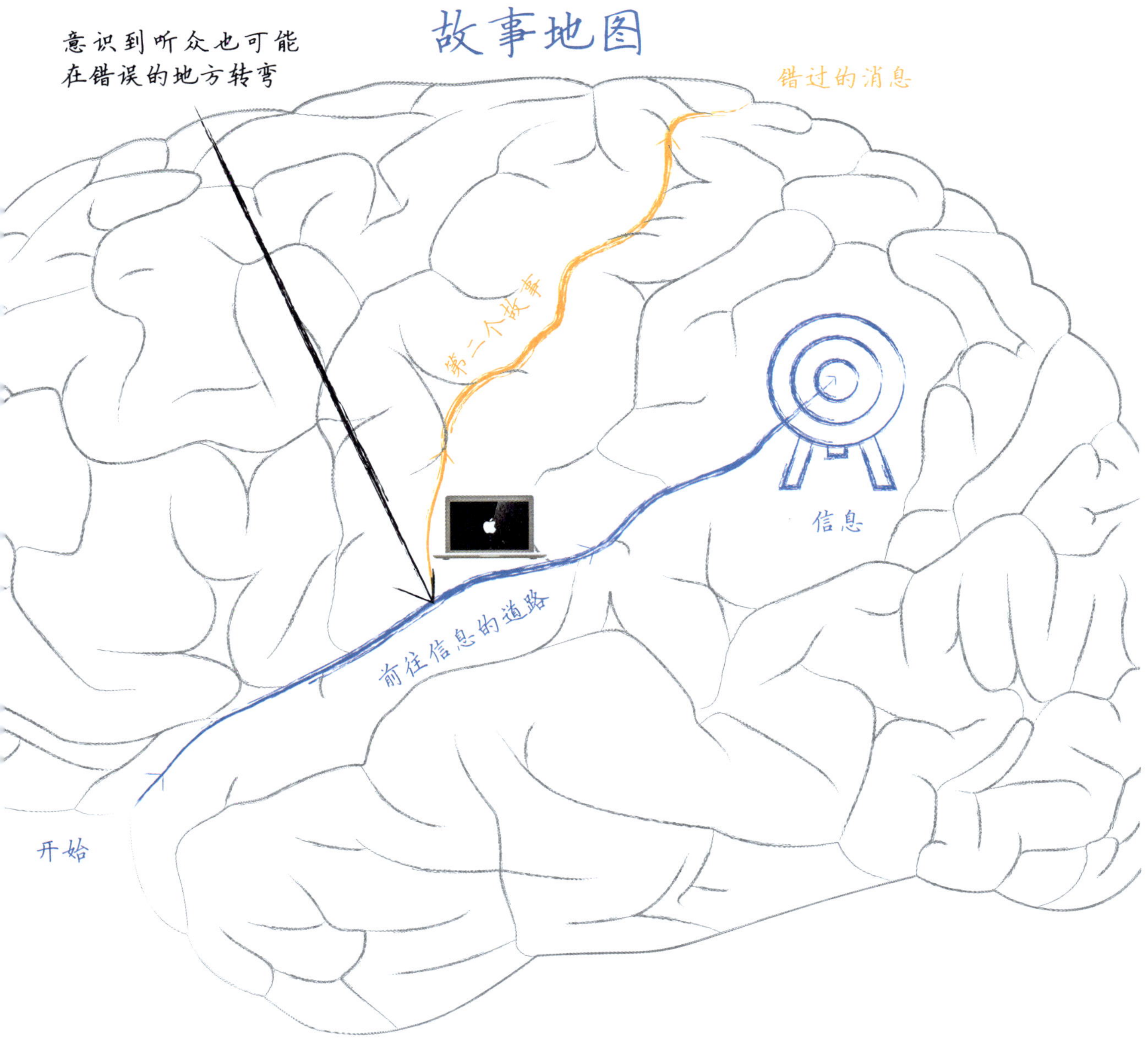

通过使用带有情感的图片，并应用这些技巧，你将能够确保听众跟随你的思路，而不是每 5 分钟你就要想方设法把听众拽回来。

THE PRESENTATION LAB

开放获取图像

D5

Element A B C **D** E F G H

我是一个视觉型思考者，而不是一个基于语言的思考者。我的大脑就和谷歌图片一样。

邓普·葛兰登（Temple Gradin），科罗拉多州立大学教授，畅销书作家，自闭症人士活跃分子，曾入选《时代周刊》评选的全球100个最具影响力的人物，是个各方面都无可挑剔的人。

你的听众其实都是像你和我这样的普通人。我们都是迅速发展的科技所惯坏的一代，以前做事情的方式已经过时了，取而代之的是新型方法。

曾几何时，我们需要亲临演唱会现场才能看到我们最喜欢的艺术家的表演，而现在我们只需点击 YouTube 网站上传的视频就能看到昨晚的盛况（尽管看的是用手机拍摄的视频，比较颤抖，背景是很多粉丝的尖叫声和合唱声）。

曾几何时，我们每天都浏览纸制报纸，现在我们可以在网上直接和我们的后辈们交流，随心所欲地编辑图像，时不时地上传视频。

众多先进的科学技术带给我们的影响中有一个不变的主题，那就是所有的东西都越来越视觉化。像一个比赛似的，人类每天都在制造出大量的数据。就在我写下这些文字之际，斯堪的纳维亚的挪威科技工业研究院（SINTEF）估算，90% 人类制造的数据都是在最近两年产生的。尽管如此，网络的使用还是被可视化内容所主宰。随便用谷歌或必应搜索引擎来进行一个简单的搜索，你会发现搜索结果都是一系列的网页、图片和视频。这些搜索网站深知我们已经习惯了可视化所带来的冲击力和及时性，从而用这种方法来保留客户群，让人们不断使用。

毫无疑问，我们都是视觉动物。

生命的节奏

警告 1

虽然我们越来越离不开图像，但图像也有变得越来越廉价的趋势。在不久之前，制作演讲的挑战之一就是如何找到并使用不同的图像，而这项工作很可能需要几个小时的工作，来不断挑选那些能把你的信息可视化的最佳图片。待到你找到了心仪的图片（不管是从网站上付费购买的，还是自己制作的），你会相信你所付出的精力和努力一定会保证你找到的图片是最好的。

可悲的是，随着像谷歌和必应这样的图片搜索引擎的广泛应用，以及像 Shutterstock 和 iStockphoto 这样的图片库越来越受到欢迎，今天人们在选择图片上越来越草率了。只需点几下鼠标，你就可以在世界上最大的图片库中任意选取，图片的大小和像素值也可以进行筛选。毫无疑问，这一切使用起来十分快捷方便，但过程的简化同时也伴随着内在的风险。首先，演讲设计者在选择图片的时候，很可能不再仔细考虑这张图片是不是最佳选择（会不会有其他能够向听众传递更强大、更持久的信息的图片）；其次，这种现象还可能会让演讲制作人偷懒去选择那些被人使用过无数次的毫无新意的图片（关于这一点请参见 140 页）。

就像视觉辅助文字所展示出的力量那样，在图片的选择上也需要深思熟虑。选择那些最广泛使用的图片或是最容易获取的图片有可能限制你演讲的效果。

之前确保一个图像经过慎重考虑使用的方法之一就是增加图像的价值。我们经常看到一些顾客在为一个图像付费之后便有了行动上的改变。这并不难理解，相对于那些免费下载的图片来说，需付费的图片会让人们在思考它们的性价比时更加谨慎。

科技的发展让我们能够获取大量的高质量图片，而这些图片对演讲人而言都是很有价值的素材。这里你可以获得的技巧是利用网络可便捷地获取图片，使自己有充足的时间来思考挑选正确的、适合演讲的图片。就这么简单。

警告 2

你不可以随意地使用任何从网络上找到的图像而不考虑它们的拥有者是否允许你这样做。

每一个在网上搜到的图片都有归属者。好消息是一些人也许会允许你使用他们的图片，并不收取任何费用（或是名义上收取费用）。坏消息是另一些人可能会严格禁止你使用他们的图片，并会寻求法律手段来保护他们的知识产权。而真正的坏消息是，有些时候并没有人会明确警告你这些图片的使用需要受到版权限制。

当然，图片的使用是一回事，当你开始使用公司的标识和品牌图标时才会有费用增加。很多企业都很在乎保护他们的品牌，所以当你考虑是否要在演讲中加入某个品牌的标识时，一定要格外小心。

从网站上随意地复制粘贴图片可是件危险的事。不仅因为这可能涉及法律上的问题，带来经济上和名誉上的麻烦。而且还可能会让人们缩短考虑的时间和过程。最糟糕的情况是你最终演讲中所使用的图片为你惹上了法律上的麻烦，而图片却没有起到传递信息、吸引听众的作用，正可谓“竹篮打水一场空”。

其于这些原因，我的建议是要抵制谷歌和必应等搜索引擎的诱惑，把演讲中的视觉元素视为一种投资。Shutterstock 和 iStockphoto 和 Fotolia 之类的图片库可以提供上百万张不同大小不同像素的图片，且有各种各样的格式，价格低廉。由于这些网站在相互竞争商业演讲这一市场，其图片的价格已经大幅下降，因此根本没有必要，也没有任何借口去冒险使用谷歌和必应等网站上搜来的不明来源的图片。

所以，请记住这些警告。

阅读此书的读者中肯定会有些大胆或愚蠢的人认为“世界上每天进行的演讲有 3000 万个，XX 公司找到我并起诉我未经授权使用他们的标识几乎是不可能的。”

你知道吗？如果你的演讲是在一个封闭的房间进行，面对的听众人数很少，并且每位听众都签字保证他们不会与任何人分享本次演讲的内容，这样也许会是对的。

这个钻版权空子的方法的唯一缺陷是，你很可能在演讲之后将幻灯片以电子邮件的形式发给听众，而听众很可能一时兴起，把你的信息分享给他的联系人。况且为了使你的演讲增加曝光率，你自己也可能会把它放到你的网站上，或上传到任何幻灯片分享网站。你的听众们也有可能没有经过你的同意就这样做了。

即使在公司内部，演讲也会以极快的速度传播。我已经记不清有多少次我自己为某一个部门制作的演讲，出现在另一个完全不同的部门的会议上。如果这些演讲所使用的图片涉及版权侵权的法律问题，那么我以及我的客户都将遭受难以估量的损失。

总而言之，无论多么困难，你都要做到完全掌控你的演讲。一旦你要挑战版权的极限，你将处于众目睽睽之下。

所以，请读者自慎之！

艺术与效果

D6

Element A B C **D** E F G H

只在完全准备好的情况下才使用图像库

让我们面对一些事实：我们的演讲作者和设计师从来都没能很好地利用网络资源。网络产生了大量不可思议的工具，创造出许许多多新的演讲制作软件，如：Prezi 和 SlideShare 是每个人只要花很少的费用甚至不花任何费用就能获得的。而像 Shutterstock 和 iStockphoto 这样的图片下载网站又可以让我们获取上百万的低价且高质量的图像。

网络对于那些商业演讲人还意味着，无论他的预算多少，都可以轻而易举地从图片库网站上获取图片，而这些资源在以前只有那些资金充足的创意型机构才能享用。虽然企业背后强大的代理服务公司在为此买单，但说实话，普通的商业演讲人并没有进入这一图片分享的圈子内，因此他们不得不经常使用那些被用滥了的幻灯片图库中自带的剪贴画图片。因此，我们经常可以看到那些幻灯片演讲中所使用的过时的卡通鸭子在捶 CRT 电脑，或其他一些俗气的握手图片。获取大量专业的高像素图片并没有那么快地普及到大众。

如今，我们面临的另一个问题是，我们制作幻灯片时不再局限于选择很少一部分陈旧的图片，而是选择上百万类似的毫无新意的图片。

比如，在 Istockphoto 上搜索“握手”，得到你会两万张图片搜索结果，这些图片你可以随意购买和下载。其中的一些图片是极其精美的照片，简直就是艺术片，而另一些则是和原幻灯片图库中的图片相类似的，只不过更新潮一些的版本罢了。值得注意的是，这一问题的原因不在于那些 iStockphoto 的工作人员和摄影师，而在于幻灯片的设计者。尽管可供我们选择的图片多了很多，但我们在选择幻灯片中的图片元素和思考其代表的意义上所花的时间并没有增加。

既然已经拥有了如此之多的资源，演讲人和设计者若不能花些时间和精力来精心设计他们使用的视觉艺术元素，就太对不起听众了。

请剪下图片用以制作更
加有创意的幻灯片！

在过去的九年里，Eyeful团队制定出了一张清单，上面列出了“不要使用”的陈旧图片，我们竭尽全力让顾客们摆脱这些图片，永远不要再使用。

清单上的第一种图片就是“握手”（代表合作、合约或确认），接下来是一些“靶子”（代表一个目标、重点或胜利）。其他上榜的有一些标识、手（通常以一种奇怪的方式紧扣在一起，或是击掌，或是一个竖起大拇指的样子）。所有的这些图片都是人们太过熟悉的陈旧东西，且暗示着演讲人的思想缺乏新意。

就我个人而言，最不能接受的就是使用拼图类型的图片来代表一个问题或不同部分连接在一起从而形成了一个新的图案。这种愚蠢的图像简直就要让我丧失理性（而我的同事们总是不得不忍受我对于这种拼图图片的破口大骂）。

但好消息是，你总是可以找出一系列的替代图片，而它们只需要你花点时间来思考（你也可以征求同事的意见，从而看看你是否想得太多了）。

对于那些时间有限或没有什么同事的人来说，以下有一些可以替代那些太过容易使用的陈旧图像的例子：

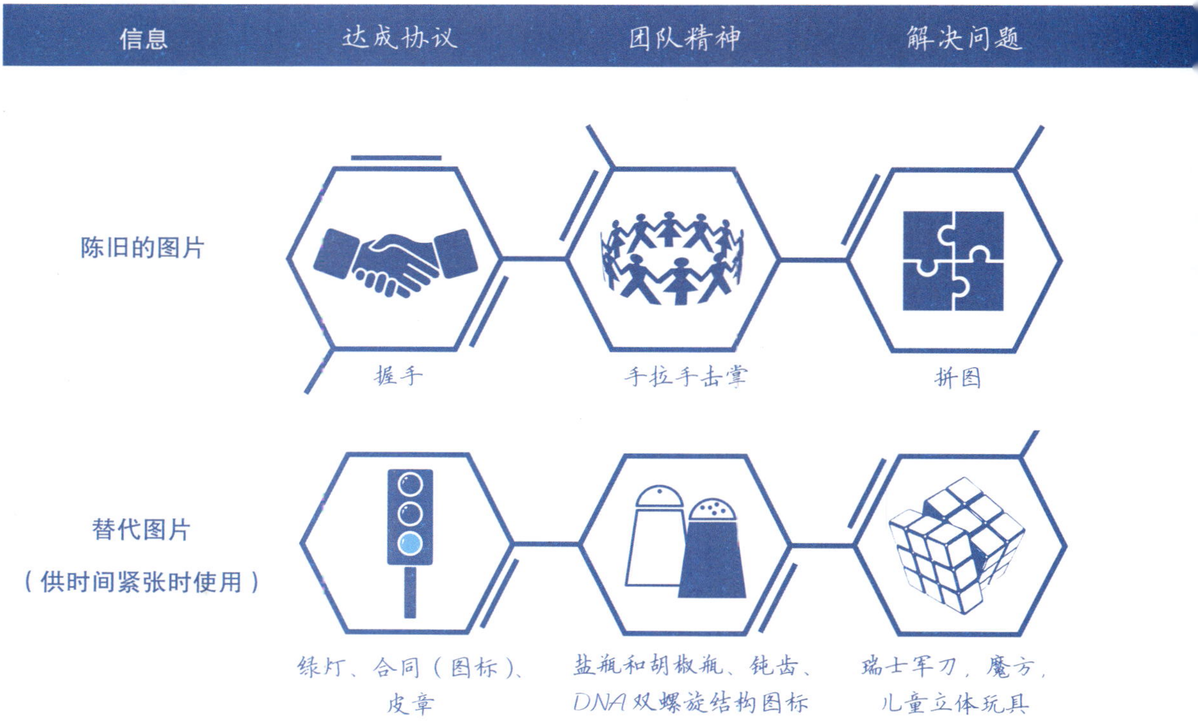

陈腐图像

在线图片库对今天的商业演讲人来说是极其有用的资源，但它们应该被视为你制作演讲时最后的选择。过早地使用这些资源只会增加你的演讲沦为那些带有拼图图片的陈词滥调的概率。

明确你想要说什么，以及你将如何说，这是你在演讲时使用这些图像资源的基础。如果漂亮的图片只是好看，或者仅仅是用来修饰一张幻灯片，而不能引起听众的思考并作出反应的话，那么它和那些陈旧的图片无异，也不会给人留下深刻印象。

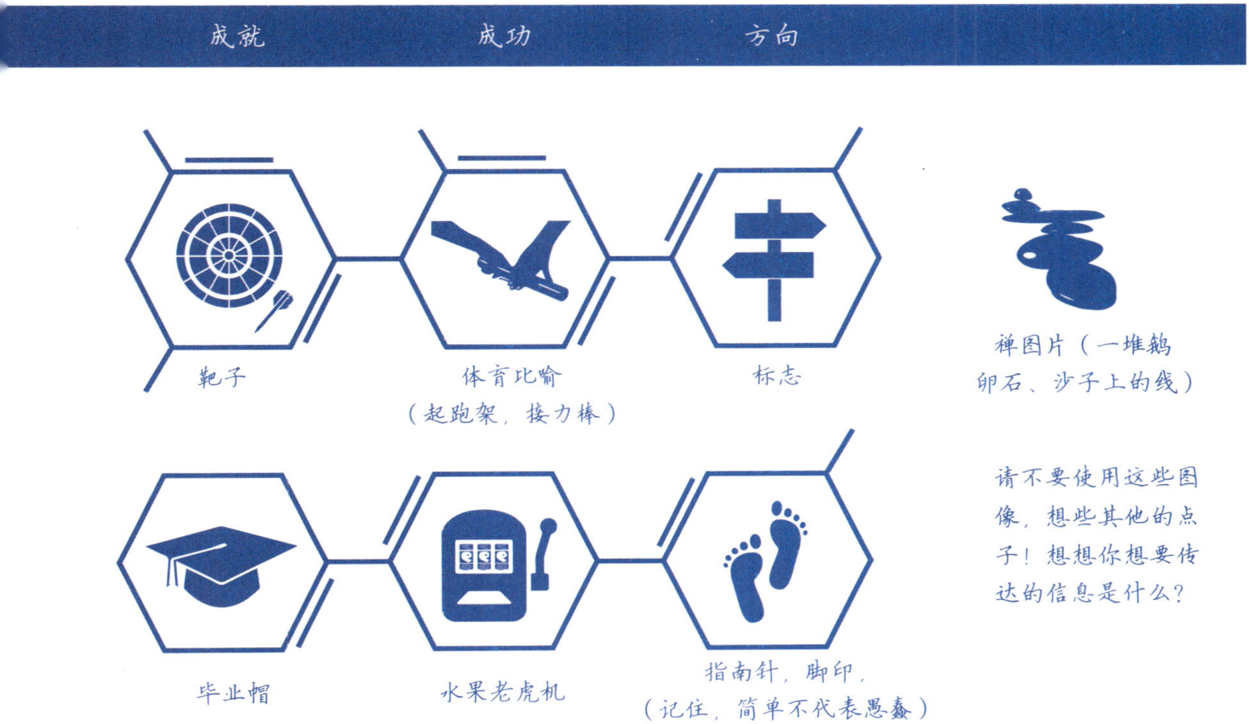

刺激型的演讲

使用那些简单而令人惊叹的图片来制造带有强烈感情色彩的可视化效果，从而使你的听众发生从想象到真正参与其中的精神转变是十分容易的。尽管这些刺激性图片的使用能够吸引听众的注意力，但也很可能会因此引发听众脑海中出现“第二个故事”，而这往往是无法挽回的。这么做还可能会在你几乎真正抓住听众的注意力之前，就把他们中的部分成员两极化（见听众背景热图的章节）。

在使用适当的刺激性图片和道具时有一个有意思的现象：刺激性视觉元素的效果似乎取决于你演讲的规模和大小。让我来进一步解释。

比尔•盖茨，曾因微软公司而知名，而现在人们听到他的名字最先想到的是一个慈善家。他曾在 2009 年在 TED 上做过一个富有感染力的演讲。现在，把比尔•盖茨描述成一个知名的演讲人并没有什么不合适。在他早年作为微软公司的创始人的时候，他就经常把自己定位于“最神经质的电脑达人”。

比尔•盖茨的 TED 演讲之所以引人注目并不是因为他的幻灯片没有使用子弹头列表和经常使用的幻灯片模式，或是他充满激情的演讲鞭挞了肆虐全球的疟疾病菌，展示了完美的口才。他的演讲被人们讨论，在 Twitter 上转发超过 100 万次，而这最主要的原因是他的一个刺激性的举动：他在现场放出来一些蚊子（不携带疟疾病菌），同时向观众说道：“没有理由只让穷人有这种经历”。

这一举动简直就是如何善于利用机会的大师级课程，因为它不仅展示了无与伦比的现场表演技巧（如乔布斯一样），更重要的是，它展示了一个刺激性举动能够对听众的投入和对演讲内容的理解上产生多大的影响。

现在回到现实……

比尔•盖茨能够这样做而不惹怒观众，因为他是……好吧，他是比尔•盖茨，且在 TED 这样的大型活动上进行演讲。

电视上的超级明星杰米•奥利弗（Jamie Oliver）能够把大量的糖撒到地板上而不让观众反感，那是因为他是杰米•奥利弗，且在 TED 这样的平台对观众演示。

作为一个商业演讲人，如果也照搬他们这些伎俩，那么说好听了是有胆量，实则是愚蠢。走入任何一个传统型的董事会议室，讲述你的想法，然后做一些刺激性的举动如从罐子里放出一群蚊子，或在地上撒一堆白糖，这样做是万万不可的。同样，我曾见过在一些正式会议上使用的极具刺激性的图像（如战场上拍摄的照片、饥荒肆虐的国家）确实能够引起在场人士的共鸣。但这要在听众够多，场地够大的情况下，对小规模的听众并没有什么作用。你与这些小规模听众所快速建立的一种亲密感会以同样快的速度消失殆尽。

使用有价值的视觉图像能够让你抓住并保持听众的注意力。但关键在于要根据听众的不同类型以及演讲的类别来作出适当调整。

没有所谓的万全之策。

演讲噱头

关于信息图

定义：信息图是一种将数据或想法可视化的图表，旨在以一种能够被快速且容易利己的方式向听众传递复杂的信息。

马克·斯米克莱斯（Mark Smiciklas），《视不可挡：信息图与可视化传播》（*The Power of Inforgraphics*：*Using Pictures to Communicate and Connect with your And iences*）

在过去几年里，信息图开始出现在很多不合时宜的地方。从杂志到海报到 YouTube 网站上的动画电影，我们经常会见到以信息图形式展示出的一系列令人眼花缭乱的话题。

谢天谢地，我对信息图持支持态度，且很高兴看到信息图逐渐成为我们生活的一部分。有了信息图，伦敦地铁图变得简单明了，在家安装任何新的科技装置变得小菜一碟，当地选举的结果（通常是在电视上由一个过于激动的主持人呈现）也一目了然。那些看上去既聪明又漂亮的图形设计、简洁的思考和有逻辑性的内容让我们每日的生活更加简单、更加美好。

但信息图唯一让我纠结的一点就是它在演讲中的使用。随着信息图越来越受欢迎，如今它们出现在演讲幻灯片里的比例也是越来越高。这也许只是那些紧跟潮流的演讲人们所需要追逐的一次短暂的潮流，但事实是这一趋势对演讲和信息图均有不利的影响。

这一现象的原因很简单：从本质上看，好的信息图就是要告诉听众全部的故事。因为它们是独立于演讲人工作的，一幅信息图上所分享的信息要比一张幻灯片多得多。

这并不是说信息图审美上没有那么让人愉悦，相反，信息图通常都设计得十分赏心悦目。只是它们的结果、形式和大量的内容使得演讲人很难让听众参与到演讲本身。

正如演讲中的其他方面一样，任何规则都有例外的情况。如果演讲仅仅是不需要任何演讲人而对立存在的话，那么使用信息图可能还是很有效果的。这样的演讲是以电子版呈现的（如一系列不需解释的幻灯片、一个视频或网络上分享的文档），但重要的一点是，不需要由演讲人来解释或是传递关键的信息。

信息图在演讲中所运用的方式和它们单独出现时工作的运用是一模一样的：它们的作用就是以一种有逻辑的方式向听众传递一些事实。我曾见过信息图在有关上市公司年度总结的演讲中被有效运用的例子。在这些情况下，演讲并不需要听众真正参与进来或是不断引用其他不同的内容——它只是在传播一项单一的信息。

“演讲工作室”的目标在于向你的听众传递长期有效的、富有黏性的信息，而缺乏听众参与度的这一弱点使得在选择有效的演讲图片时，信息图往往不是第一选择。

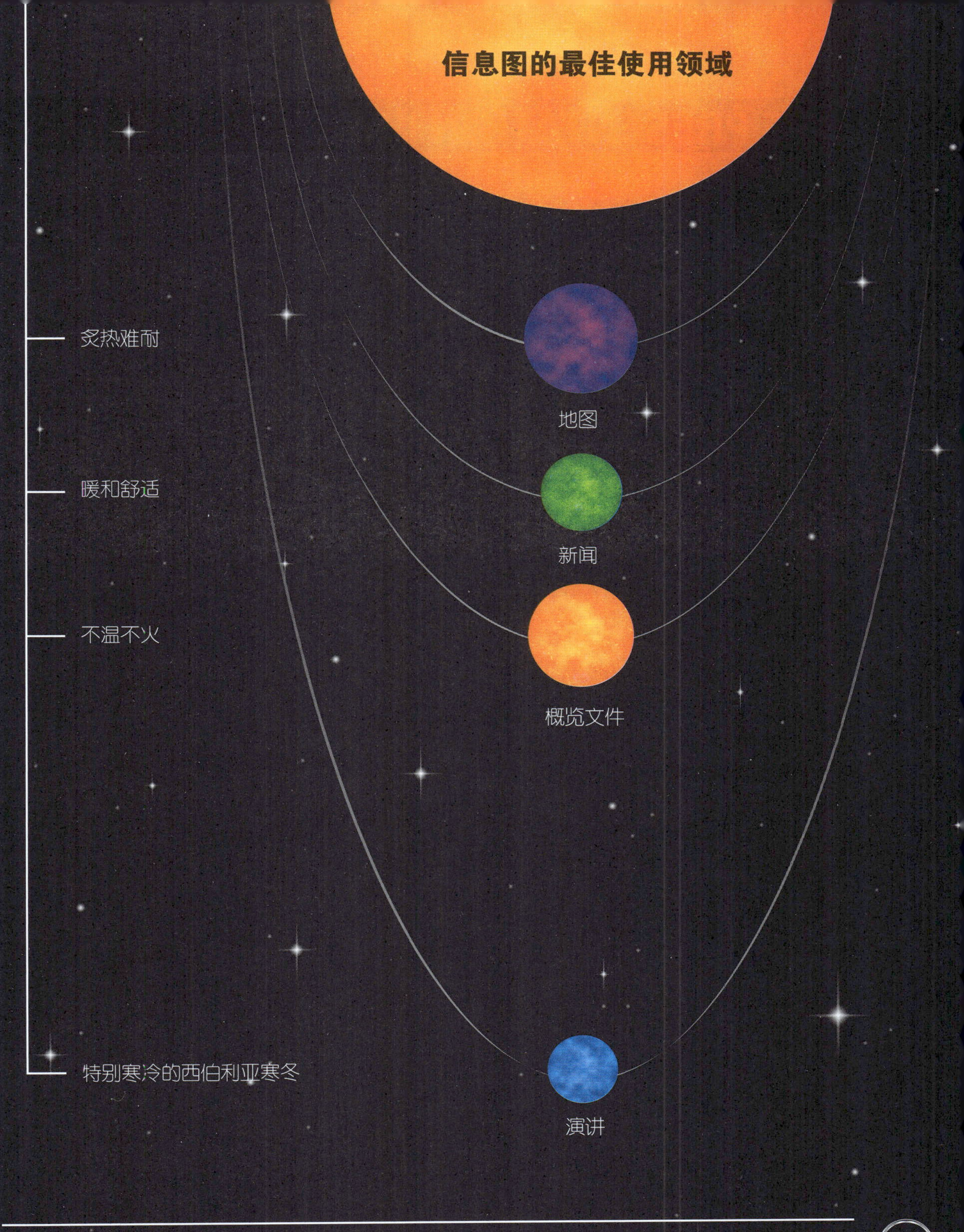

信息图的最佳使用领域
炙热难耐
暖和舒适
不温不火
特别寒冷的西伯利亚寒冬
地图
新闻
概览文件
演讲

处理数据

D7

和大家分享了这么多信息，你们可能会认为只要有勇气，不再使用那些常规的子弹头列表和剪贴画，制作可视化演讲是比较容易的。有些粗心的读者也许会错误地认为舍弃那些老掉牙的图片，再花些时间思考该如何最好地在演讲中利用视觉元素，就能让他们逐步创建出能够给人启发、吸引听众且能够清晰交流想法的视觉图像。

但事实上演讲并不是那么简单。

很多演讲，不管是内部还是外部演讲，都身陷大量数据和信息的困境中。此类演讲中一个典型的表现就是很多张内容丰富且复杂的幻灯片。

但真正的标志是演讲人说出以下的话："坐在屋子里后面的人看不清楚吧，那么让我来给大家解释一下。"没有什么比这几个字更能打消听众积极聆听演讲的念头了。

但好消息是，事情并不需要发展至此。那些内容中带有大量数据并因此带有大量图片的演讲和其他演讲一样，也遵循"演讲优化方法"的一些准则：

1. 要建立你的故事，你需要一个**强有力的信息**；
2. 该信息需要用**相关的内容**来支持；
3. 这些内容需要以**一种能和听众产生联想的方式**进行可视化。

用讲故事的方法传递数据

无论你在制作幻灯片的过程中遇到过多少数据，不要忘了你最终的演讲还是会以一个结构清晰的故事呈现出来，而这个故事必须能够打动你的听众，最终根据你分享的信息作出行动：做一个决定，改变一个观点，或思考其他可能性。说实话，如果只是随便地把没有经过组织的数据扔给听众，这对你和你的信息来说一点好处都没有。

作为一个演讲人，你最重要的责任就是引导听众听完整个故事。为他们指出正确的方向以便更好地理解，最终达到理想的结果，即认可你的信息并以此作出行动。

当今正宗的演讲大师们都知道如何把数据融入他们要传递的信息当中。他们不会把使用数据当作演讲中的障碍或是“无聊的部分”，他们会让数据成为整个故事的支柱。

考虑以下内容

非洲国家的GDP正以前所未有的速度增长。根据世界银行报告，2012年增长幅度最大的国家为以下几个国家。

世界上10个经济增长速度最快的国家

	2012年GDP年均增长率（%）
1. 塞拉利昂	**18.2**
2. 蒙古	12.3
3. 尼日尔	**11.2**
4. 巴拿马	10
5. 科特迪瓦	**9.8**
6. 布基纳法索	**9**
7. 巴布亚新几内亚	9
8. 埃塞俄比亚	**8.5**
9. 老挝	8.3
10. 乌兹别克斯坦	8.2

（来源：世界银行）

尽管让人印象深刻，这些数据对于通常的假设来说有些枯燥了。把这一信息在会议上或一个内部战略会议或学校教育活动上呈现，可能会看到听众中很多人点头，或若有所思地摸一下胡子，但至多也只能引起这么多的反应，没有其他的反应了。

但若能站在听众的视角考虑信息的摆放，那数据就立即有了新的维度。

同样是建立在这些客观数据之上，同时也禁得住听众反复琢磨，但这次你可以引起听众的共鸣。你有了故事的骨架能够支持你演讲的信息。这样的信息对你的听众以及他们的生活和家庭来说意味着什么呢？有什么样的机会？有什么样的威胁？

这些问题（和答案）可以成为你演讲的支架，并帮助你传递一个能够让听众铭记并分享的信息。

支持数据内容

你获得了某些数据并不意味着你一定要与听众分享。正如在本书中“信息”和“内容”部分中所强调的那样，简单并不意味着愚蠢，把那些噪音去掉，你的听众会更加清楚地听见你的信息。

尤其是图表往往有很多不必要的坐标线、令人分散注意力的背景、相交的各种元素和过多的信息，等等。让你的图标有机会适当地呼吸一下，并允许你的听众参与到那些故事的关键信息中来。

然而，你对简洁和清晰的追求是不应该以牺牲真诚和透明度为代价的。你必须在有人质疑你的时候，有信心来维护你的数据。你也不想搞得晚上失眠睡不好觉吧？所以，把数据可视化还真是一个危险的游戏。

从这里……

我们品牌的市场占有率

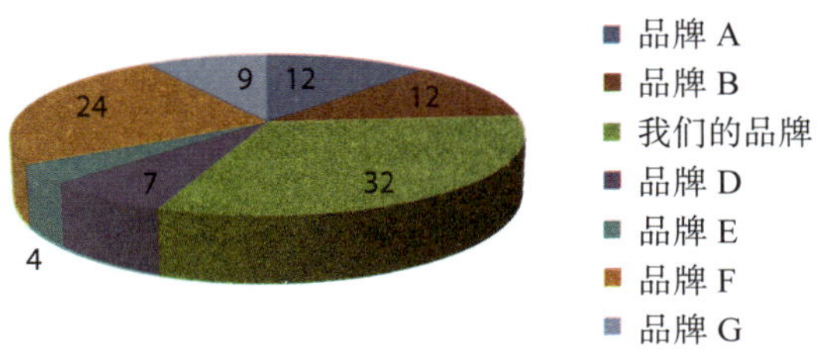

到这里……

我们品牌的市场占有率

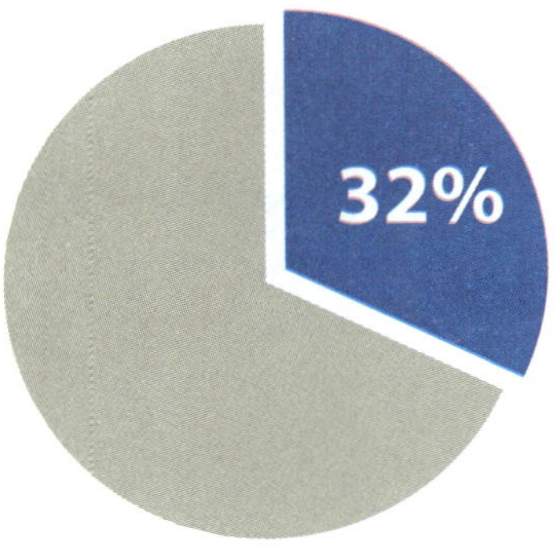

不要偏离事实

这是一个非常好的例子，告诉大家如何在视觉上简化数据，同时骗过听众的眼睛。

图表清晰使用的推动者乔恩·萌（Jon Moon）总是在找一些可疑（通常有趣的）图表解读。看看格拉斯哥流浪者足球队（Glasgow Rangers）的例子吧，他们最近表现不是很好。这张柱状图显示了他们季度售票情况达到新的高度。尽管他们的赛季的成绩不尽如人意。但如果你仔细看一下这些数据，就会很容易地发现几个关键的错误。

首先，缺少了 Y 轴，这一点说明制表人有意从视觉上夸大了销售的急剧增长，你从图表中看出 11/12 到 12/13 赛季，销量只增加了 0.2% 了吗？没有吧，我也没有。其次，整个图表根本就是错误的。10/11 赛季到 11/12 赛季的销量减少幅度和之后 11/12 赛季到 12/13 赛季的增加幅度完全不成比例。

在呈现数据上要花招不仅会起到误导作用，还有可能会让你招惹上麻烦，所以要小心行事。

在呈现数据上耍花招不仅会起到误导作用，还有可能会让你招惹上麻烦。要小心行事。

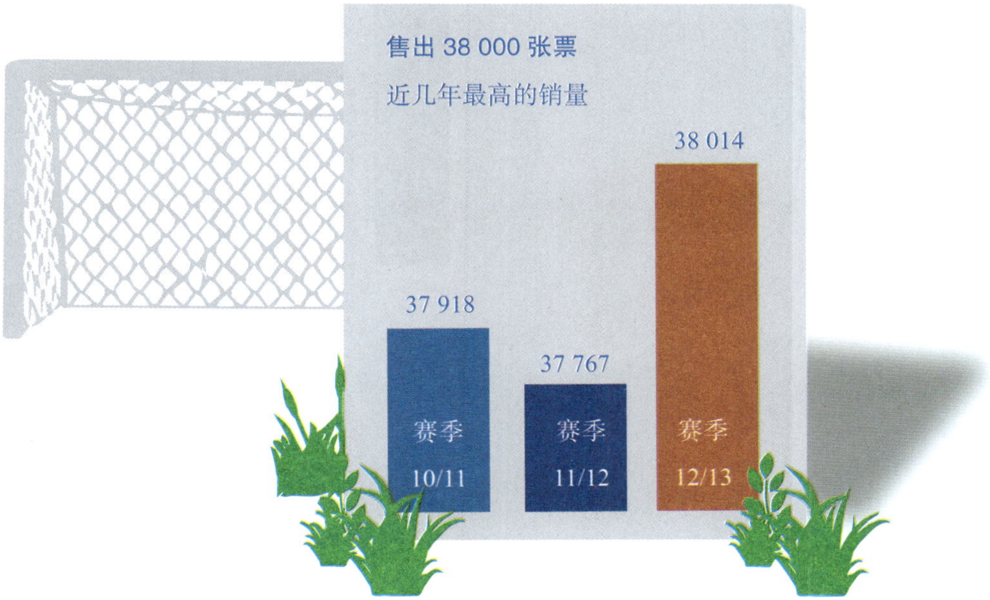

让你的数据得到关注

数据呈现的清晰程度和标准应该和你演讲的其他内容是一样的。如果你的故事和数据部分呈现得很混乱的话，那么即使是一个优秀的包含了“演讲优化方法”所有元素的演讲也会遇到麻烦（甚至有可能失败）。

若要确保数据部分不会成为你演讲的软肋，你将数据可视化时必须能让听众快速地理解，并能参与到其中。传统的图标显然是不错的方法，如果设计得好的话，则会成为有力的可视化工具。

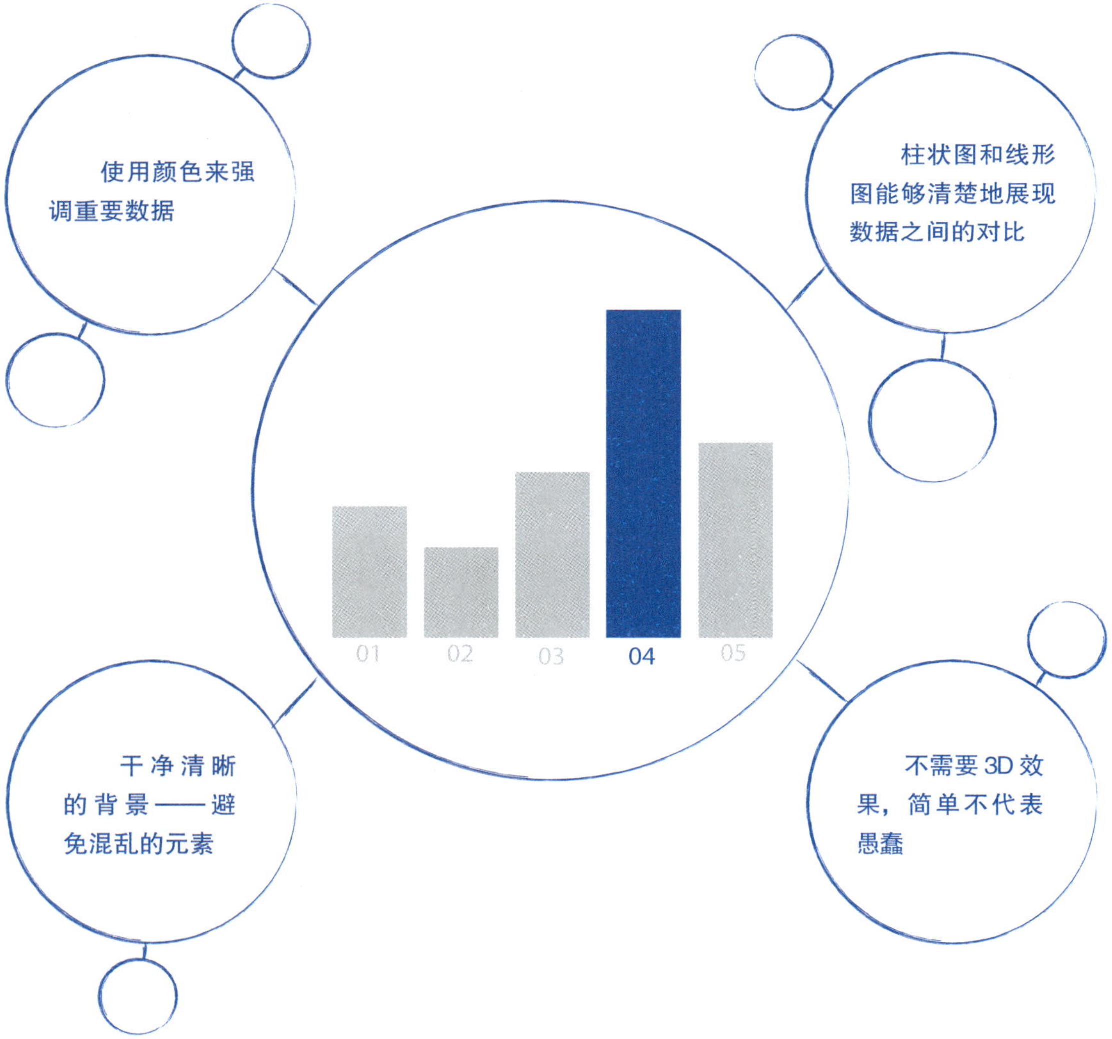

然而，我们“演讲实验室”的理论是不断创新的，所以我们也应该考虑一些其他选择。

处理数据对很多演讲人来说是件可怕的工作，也包括我在内。到目前为止，战胜这种恐惧最简单的方法是认清一件事：数据和幻灯片上的文字一样，都是内容的一部分。

由此看来，这和你需要把幻灯片上过多的文字去掉一样，对待数据和文字你需要做同样的事情。

总而言之，视觉上加强带有大量数据的幻灯片只需遵循演讲中最重要的一条规则：

保持简单。

THE PRESENTATION LAB

从可视化概念到可视化演讲助手

D8

Element A B C **D** E F G H

找出正确的能够帮助你和听众分享你的信息和图片的过程，是一件令人很有满足感的事。它能使你在真正进行演讲时充满信心。

你的任务是，找到这些视觉元素，把它们嵌入你强有力的演讲工具中。尽管市面上有如此之多的演讲制作软件——PowerPoint 或 Keynote。

请留意这条建议：在你把演讲画成脚本之前，请远离电脑。

所谓脚本指的是把故事、内容和图像现在纸上打个草稿，然后再把它们转到 PowerPoint、Prezi 或你喜欢的其他幻灯片制作软件上。在纸上画出草稿能够让你在建立思考的时候把重心放在如何建立一个基于听众的演讲。

亲自动手来画出每页幻灯片，还可以让你意识到你的演讲中加入了多少混乱的内容。如果你发现这一过程中写到手抽筋，或不得不把字写小来挤进页面，那么你该意识到你在幻灯片中加入了太多的信息了。

在 Eyeful 公司，我们使用一种简单的制作脚本模式，来确保不过早地使用 PowerPoint，并使各方都先投入到视觉思考中来。先把那些如何制作动画的技术问题、屏幕比例、链接等放到一边，这样才能让内容可视化的这项工作成为重点。

现在你已经有了一个通过强有力的可视化方式帮助你分享信息的、呈现在纸上的分页脚本，你已经准备好投入到整个过程的最后阶段——进行演讲。

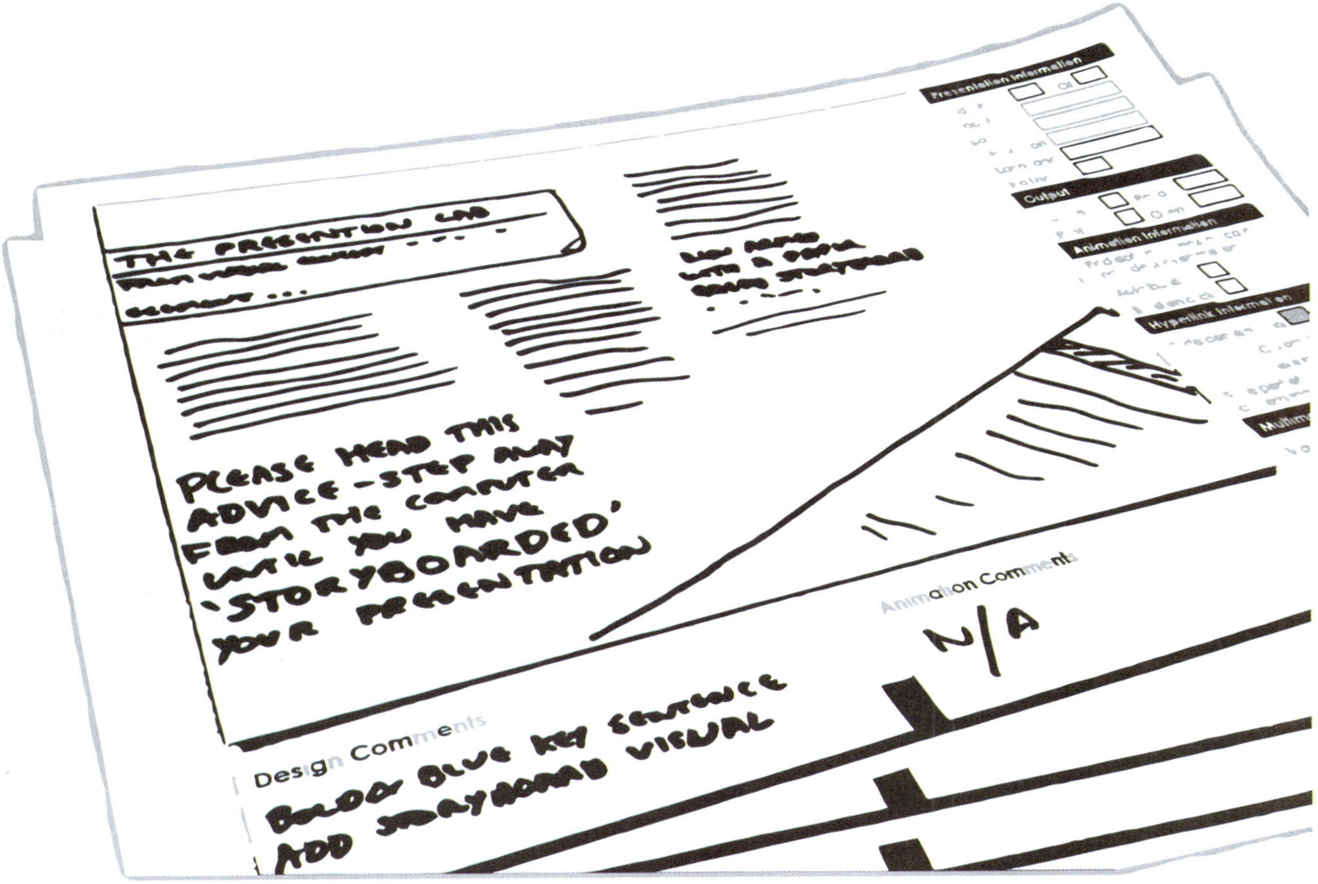

结 论

D9

可视化有能够影响听众的力量

它们能激起人们的情感，没有例外。99.9% 的演讲，无论以什么形式呈现，都会因使用了具有影响力的可视化形式取得了更好的效果。

选择的时候要格外小心，可视化通常能够把信息很好地传递给他人，而不需要你来作任何解释。

同样，使用错误的、陈旧的、不相关的图片，或价值观让人惊讶的图片都会在你演讲开始之前给你的演讲以致命性的打击。

现在是时候把图像的功能和价值带入你的演讲了。我保证，你的听众会因此而心存感激。

信息

表达最后的成果

E

花园小屋和一个电动改锥

E1

Element A B C D **E** F G H

有一个问题多年来一直困扰着我，那就是为什么商业演讲人们那么痴迷使用 PowerPoint。他们要么抨击 PowerPoint，责备它把整个商业交流变得愚蠢，要么每当有人说出“演讲”这个词，就紧紧地把 PowerPoint 揽在胸前，像搂着舒适的毯子似的。

这实在有些让人困惑。

接下来的部分包括到目前为止我们涉及到的“演讲实验室”方法中每一个阶段的“关键词”，有对目标的阐述、创造以听众为中心的有黏性的信息、用真正有价值的内容和图像来支持演讲，等等。直到现在，我们一直在喋喋不休地谈论**演讲工具的选择**。

我敢打赌你们一定会觉得所谓演讲工具指的就是 PowerPoint。虽然这并不错，但 PowerPoint 只是众多选择中的一个。

别误解我的意思。PowerPoint 在很多场合都是很棒的工具。尽管市面上有太多可利用的幻灯片科技，但我公司的专业设计师们还是会亲自在 PowerPoint 中制作那些视觉效果（当然也会使用 Photoshop 和 Illustrator 来让图片看上去更加新鲜漂亮）。

PowerPoint 的确是个很好的工具，但不总是最适合的。任何经验丰富的销售人员都很熟悉他们即将开始演讲的那一刻的情形。一旦你马上要打开电脑，在你和听众之间放入一套幻灯片，任何你之前和听众建立的互动、信任、熟悉都有可能顿时荡然无存。不是说听众不想让你在演讲的时候使用任何视觉上的支持工具，而是从这一刻开始，你从一个友好、熟悉的聊得来的人变成了一个说大话的推销员。

但话又说回来，如果你没有使用 PowerPoint 或 Keynote 的话，也许会有大量听众对你持怀疑态度。

所以，在适当的时候使用适当的工具才是正道，而这往往和个人的经历有关。

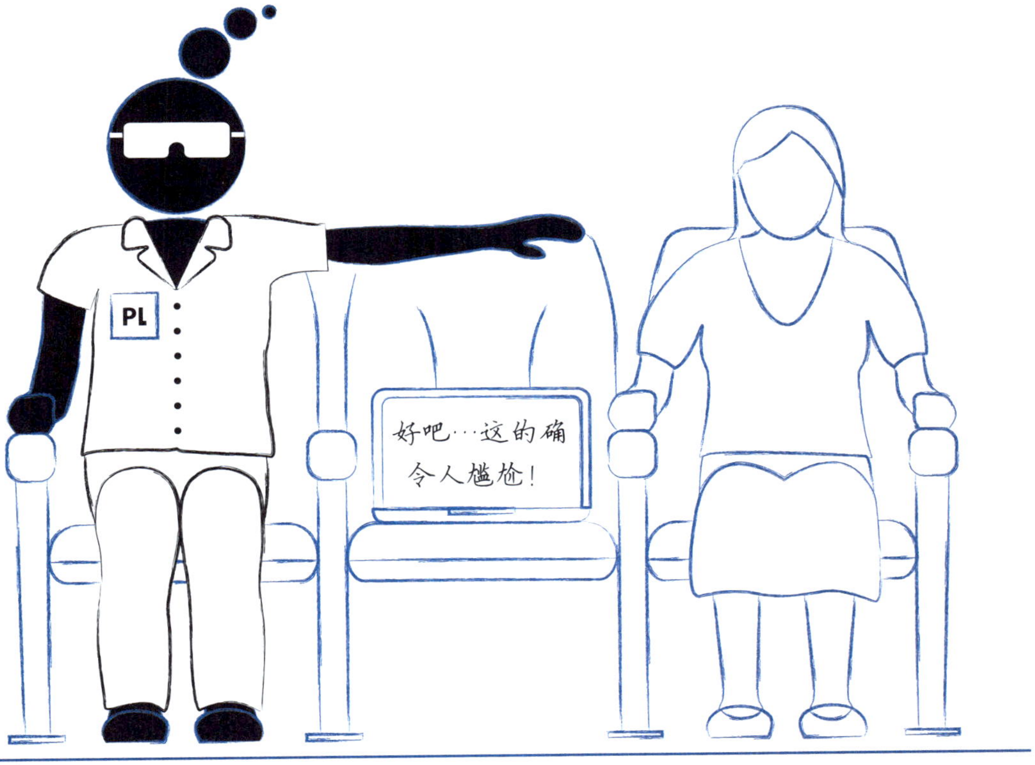

在我迈入中年的时候，我成了一个父亲和总经理，并且在园艺这一单纯的快乐中找到了平静。可就在不久之前，在花园里摆些盆盆罐罐这一想法还让我不寒而栗。但现在我迷上了不同的土壤类型、园景建筑和花园小屋。

我一直认为花园中的小屋是个典型的英式东西。一个人和他的小屋这一理念在英国广为人知，但被认为是上了一定年纪的人的一片平静之地、私人之地。一些人甚至会在里面加入供暖设备、小冰箱（通常装满了啤酒），还有一些舒适但不太时髦的家具。在询问过其他国家的朋友之后，才发现这一外在的“温室”在世界很多地方都是很普遍的，当然也是令人们感到骄傲的。

有一天，我终于决定要建一个小屋，并在网上搜索了适合的材料。订货三天之后，小屋来了，我的心跳微微加快（主要是因为这是我见过的包装得最简陋的东西了，我还不如自己砍棵树呢）。

我并没有因此感到沮丧，我和妻子在接下来几个周末的时间都在搭建小屋。我们让孩子们远离施工地点，确保他们不被飞来的木片砸到。就这样我们开始了。

我从来都抵挡不住购买五金工具的诱惑，正因为如此，我有足够的工具来建造我的小屋。估计从来没有哪个小屋像这个小屋一样，如此之小的项目却使用如此之多的工具——从各式钳子、电钻、水平仪，到锤子、三角尺、凿子应有尽有，当然还有价值连城的我忠实的电动改锥。

啊，我的电动改锥——它已经陪伴我很多年了，从我妻子和我第一次尝试在公寓中支起一个书架开始（当时失败了）到最终满书架都是我们孩子的照片。它简直就是一个从未远离过的我的挚友。

而这就是问题的一部分，尽管有各种各样的工具，全部都是为建小屋设计的，但我最终还是一遍又一遍地使用着我的电动改锥。不仅仅是因为它能把螺丝拧进去（正如你所料），还因为它足够重可以用钉子把小屋侧面的板子钉在一起。

总而言之，我放弃了其他所有可以利用的工具，再一次使用了那个我一直使用的工具——尽管我知道有些时候并不应该使用改锥，且我有其他更好的选择（如果我能给它们一个使用的机会的话）。

我之所以讲述这个有些无趣的故事，是想告诉大家，全世界的商业演讲人们正在做同样的事情。它们总是使用 PowerPoint 作为演讲工具，尽管市面上有很多对他们来说（更重要的是，对听众来说）更好的选择。

正是这种想法促成了最后的实验——混合式演讲。

什么是混合式演讲

E2

Element A B C D **E** F G H

到现在为止你应该已经明白了，整个“演讲优化方法”是建立里在一个简单的目标——**获取最大程度的听众参与度之上的。**

然而，尽管一切都是在围绕以听众为中心的信息传递，但商业领域里多年积累的经验让我们大多数人最终还是选择了 PowerPoint，或苹果公司的相似工具 Keynote，作为演讲工具。

“演讲优化方法”的“混合式演讲”阶段要求你考虑所有不同的可视化演讲工具。但这并不是说你必须完全放弃你忠实的伙伴 PowerPoint，而转用其他工具。我们希望的是你建立一个足够强大的演讲故事，以至于你可以选择任何适合你的工具来传递你的信息。

至于专业的销售人员，你应该知道最佳的工具是你对演讲材料的熟悉和自信，而不是你笔记本电脑中制作精美的幻灯片。

对于市场专员来说，这意味着在听众面前展示你用可视化方法分享你的故事的能力和信心，用不同的方式来证明你的观点。这还意味着这种能力并不是来自于你的部门为此花大价钱创建一个比 PowerPoint 的功能多不了多少的 iPad 应用。

对于内部演讲来说，这意味着使用有视觉图像支持的故事，来从情感上让你的同事们参与进来，而不是使用总部寄来的已经打包的内容，而你对它一点儿个人感情也没有。

混合式演讲 IDEA

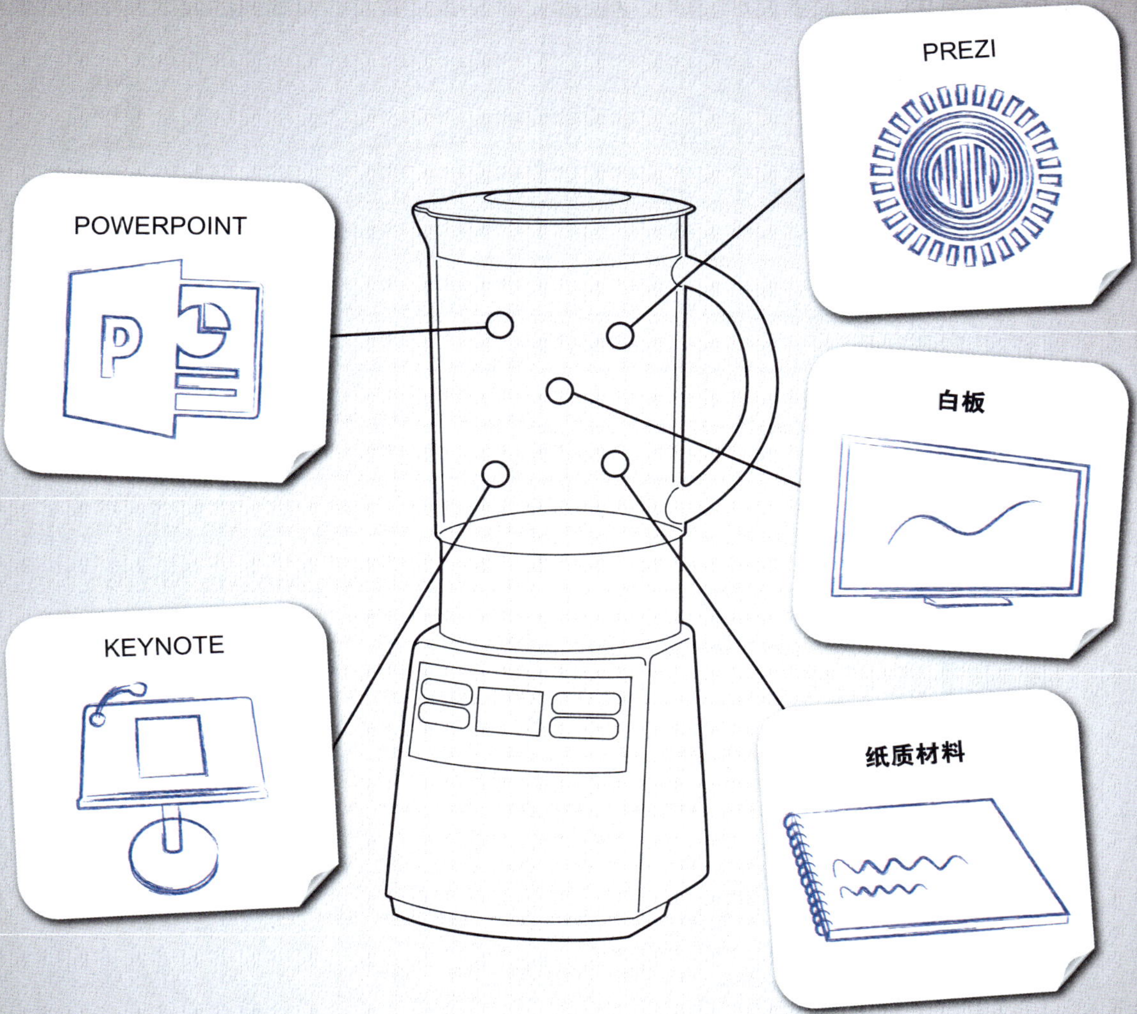

最重要的一点，这还意味着你从听众那里获得作为一个优秀演讲人应有的尊重，一个有强烈意愿通过选择最适合的演讲方式来分享信息的演讲人。

总而言之，混合式演讲就是**让你的听众和故事成为舞台的中心**，然后适当使用那些你拥有的可视化工具。

理解演讲画面

E3

Element A B C D **E** F G H

在本书的引言部分我们浅谈了当前演讲领域中被人们忽视的一点，那就是绝大多数的建议都是针对正式演讲，而没有探寻演讲的其他可能形式。现在了解了混合式的演讲模式，让我们再重新看一看演讲行业的格局。

放眼看看吧，书店、社交媒体、网络……到处都能找到给商业演讲人提出的建议的资讯。在谷歌搜索中键入“商业演讲帮助”几个字，你会得到上亿条结果。

还好，绝大多数的搜索结果会提供经过思考的、有实用价值的建议来帮助你准备一个正式的演讲。毫无疑问，会有很多小贴士、小技巧之类的建议。比如，如何站立、如何发声、如何确保你的幻灯片看上去很不错之类的。如果你面对的听众明白不到最后不要提问，而你也下定决心使用 PowerPoint 作为演讲工具的话，那么这些建议正适合你。

但事实上，大多数的商业演讲绝不是这样的。

其实，你经常会遇到的演讲类型并不需要你遵循很多正式演讲的准则。你经常是在喝咖啡的时候对某一个人进行非正式的演讲，或对着一群人演讲，其主题往往需要比一套幻灯片更多的互动。你也可能会是下一个上台演讲的人，并能从听众脸上昏睡的表情中看出，再来一个 30 多页的幻灯片就会让他们忍无可忍了。

不管这些演讲的具体要求是什么，不可否认的是越来越多的演讲都是在这些非正式的场合进行的。

然而整个演讲领域的主流观念仍停留在如何避免“我说，你听”这种模式的弊端阶段。

演讲格局是如何分类的

和演讲领域中大部分的内容一样，演讲格局可以很容易被分成三个大方面，如下面的三个图：

正式

会议

董事会

投标或宣讲

互动式

在线论坛

阐述

销售场景

展会

非正式

面对面交谈

虽说这些并不是必须遵守的规则，但它们是我们用来确定不同领域最适合什么样的演讲的基本指标。

正式演讲

正如之前介绍的一样，正式演讲是PowerPoint、Keynote和大量其他演讲软件工具最传统的应用领域。如果使用恰当的话，这些工具将会发挥极其强大的功能，能把一群同样正式的听众引导到你所选择的道路，最终达成一个互相都满意的结论。

正式演讲类型中最典型的就是投标和宣讲、会议和投资者演示。这些演讲类型都有一个共同点：演讲人说，听众听，然后会在结束前应演讲人要求有一个提问互动的环节。总而言之，这类**演讲**更像是广播而不是**沟通**。

如果你们觉得我对正式演讲有一丝不屑，觉得缺少了与听众互动的亲密性的话，那么这再正常不过了。做好一个正式演讲很难，不是一般的难，其原因是正式演讲的成功与否和其他类型的演讲不同，它取决于一群几乎不参与演讲的听众。他们经常会在演讲人还没上台之前就感到自己处于弱势，而这一点往往并不是听众故意为之。正式演讲也经常是一次性的，或是不定期发生的，也就是说演练需要所有的相关方都参加才有效果（但不要忘了，大多时候排演的时间都会在最后关头被幻灯片的修改占据，而这恐怕是人性中不可避免的）。

我之所以对正式演讲持有点负面的态度是因为正式演讲这一概念已经被强加给演讲人以及听众太长时间了。一直以来，我们都在遵循那些不成文的（有些情况下是已成文的）规矩，如何结束、如何措辞、一张幻灯片上只能有多少个子弹头列表，等等，而这些规则往往妨碍了听众对演讲本身的参与。

讽刺的是，沟通——大多演讲最根本的目的，成为了过于正式化的第一个牺牲品。

那么我们应该怎么办？用轻松随意的方式处理所有的演讲也是不明智的，毕竟一些演讲确实需要采取极为正式的方式来进行。然而，认识到并不是所有的演讲都适合同一种模式，是作出改变的第一步。

而这也自然而然地引出了下一个类别：互动式演讲。

互动式演讲

与人互动的能力从未像今天这样被人们所重视。我们的媒体使出浑身解数来与观众进行互动：报纸上打得不可开交的讨论版，成群的商务 Twitter 和 Facebook 用户，以及无时无刻不在号召观众投票的电视真人秀等（对我的孩子们来说，要是在星期六的晚上没有打电话到电视台给他们喜爱的选手投上一票，那么周六就是不完整的）。

在媒体领域中互动无所不在。这样看来在演讲行业里都没有形成这种潮流着实有些奇怪。其原因可能就是传统的思想对听众在演讲进行中肆意提问这一概念嗤之以鼻，人们是绝对不允许有人提出自己的想法然后把演讲引向对他们来说有吸引力的地方。当然，也有可能是因为大多数演讲人更喜欢坚守固有的方法，坚持使用传统正式的演讲模式。

有意思的是，在所有新兴的互动形式中，Twitter 是最接近演讲中与听众建立联系的形式。分享 Twitter 标签已经成为了许多会议和研讨会上传播想法和信息的通常做法。然而，就像下面这个故事所揭示的一样，使用 Twitter 时必须小心谨慎。

关于 Twitter 有一个不知是否属实的故事。这个故事讲的是在一个会议上基于 Twitter 的互动如何酿成了大错。这个故事听完后足以让很多商业演讲人汗毛直立。那场会议的组织者觉得在每个演讲人上台演讲时，把所有和会议相关的实时 Twitter 打到屏幕上会是个不错的主意。

理论上讲，主意确实不错，因为这在演讲人讲述他们的发现的同时，也给人们提供了分享他们的想法和看法的机会。一切都进行顺利，直到有一名演讲人的幻灯片上有太多文字内容，让听众感到无聊。

“我已经觉得无聊了，而这只是第一张幻灯片”是当时打出的第一条推文，骄傲地投影到了演讲人背后的大屏幕上。

“这讲的是什么玩意儿？！”第二条；

“这个人讲得可真烂！”下一条；

之后的演讲伴随着一条又一条这样的推文，直到结束。最后，会议组织这不得不关掉了现场互动。

演讲中缺乏互动的另一个原因是演讲人可能根本没有意识到他们使用的演讲工具能够支持与观众的互动及参与。

所以，选择什么工具并不是关键，更重要的是你要决定从传统的正式演讲模式的舒适区中走出来。当我们选择互动式演讲模式的时候，我们必须重新思考一些准则，让演讲更生动、更像是个讨论，而不是广播。这种明显地给听众更大的权力和自由的演讲模式需要演讲人对演讲故事和信息有更强的掌控力，更熟悉演讲工具，并且时刻注意听众的情绪，随时对听众的参与作出反应。

这让我想起了许多年前在英国为微软公司做过的一个项目。当时我们被要求帮助一个团队制作他们的内部演讲，其内容是分享长期效率研究的成果。

你可以想象，微软公司充满了智商极高又爱问问题的人。毫无疑问，我们客户要演讲的听众一定会问许多问题，咨询很多关于他们的发现。因此，如果还坚持使用标准的正式演讲模式的话，就显得有些太过拘泥于形式，不能确保听众参与度。在和项目团队商讨过之后，我们抛弃了线型幻灯片的模式，而是转用互动式 PowerPoint，其中有很多使用了自定义显示和直观的菜单系统。

于是我们，开始制作一个能够支持这一模式的结构。我们最终仅使用了 PowerPoint，就制作出了一个强有力的互动工具箱。没有任何其他酷炫的插件程序，仅仅是 PowerPoint。

最终，整个过程中最令人记忆深刻的一幕是，我们的客户惊呼：你究竟是如何用 PowerPoint 做的？！太不可思议了！而这些客户曾开发 PowerPoint 并把它卖给世界各地的商业演讲人。

如果这个例子还不能说明我们浪费了多少幻灯片工具的功能的话，真不知道还有什么更好的例子！

但这并不意味着你可以无所顾忌：作为演讲人，你还是需要掌控整个演讲，并需要引导听众从 A 走到 B。使用互动式演讲模式唯一不同的一点是，在某一话题引起了听众的兴趣时，你可能会需要偏离原本的演讲内容，多阐述一些。但只要你能最终完成整个旅程，把信息很好地传递出去，那么不管听众采取的路线有多么曲折都没关系，你已经成功了。

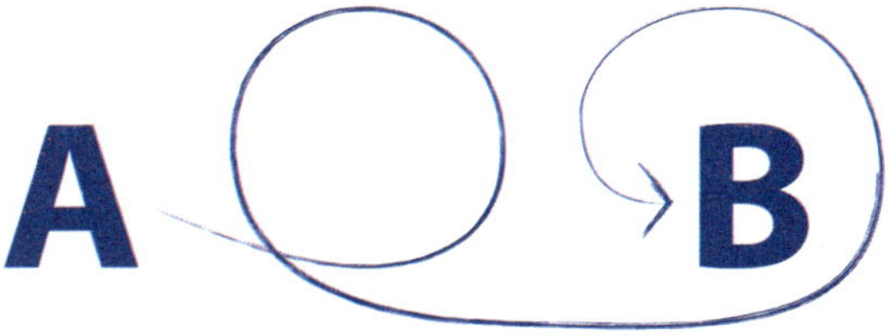

好消息是这并不像听上去那么可怕！一个好的互动式演讲对演讲人的要求和商业对话的要求是一样的，你只需要了解你的主题，因为绝对不可以像读提词机似地逐字逐句念幻灯片上的内容。除此之外，你还必须做到很好地倾听听众的想法。

因此，选择互动式演讲最适宜的场合就是会展、演示和账户管理销售会议。因为在这些场合需要的不是熟练的演讲，更多的是与听众建立信任和良好关系，并显示你能够帮助他们。

出于这一原因，互动式演讲模式最适合较小规模的听众，如果人数在 5 个人以上的话，你就会发现“交流”变成了“争论”。在这种时候，你还是回归到正式演讲的传统模式比较好。

问题是，为什么要舍弃已经被广泛应用的正式演讲模式而转向风险较大的互动模式？答案很简单：听众参与度。

我们之所以演讲是为了要让听众参与进来，让他们真正听进去、理解我们的信息，并最终作出行动。通过让听众参与到演讲的交流中来，你会发现演讲人——听众的关系发生了变化。你给予听众去质疑、纠正、评估你信息的权力。这样做，你更有可能让听众站在你的角度，因此更容易达到你理想的结果。

非正式演讲

有意思的是，非正式演讲是人类交流的自然形式之一，但也是最难掌握的一种演讲方式。非正式演讲模式同样需要有足够的结构将演讲人把听众从 A 点引到 B 点。然而你处理的方式必须确保不打破双方都享受的那种舒适，没有丝毫威胁性的环境。

我一直使用的一个例子就是机场酒吧里的谈话。你边喝着啤酒，边等待你的航班起飞，不经意间和坐在你身边的人聊起天。商业人士最常使用的开场白就是你是做什么行业的，你为什么旅行。一个问题会引发下一个问题，而很快你就会发现自己在和新朋友分享一些商业信息，正如你三小时之前面对一屋子公司同事所进行的演讲一样。

和那种拿出笔记本，打开幻灯片进行的正式演讲不一样的是（通常会破坏了美好的、非正式的环境氛围），非正式演讲的好处在于很多时候你只需要一张餐巾纸和一支钢笔就讲述/出售了你的故事。

注意：非正式演讲的即兴场合不仅限于酒吧！在办公室有一个关于我的笑话：没有一个笔记本和一堆可供选择的钢笔，我就不会和人聊天了。我总是在和人分享我的想法的同时，用笔画些草图。笑话归笑话，但人们还是理解这就是我和团队分享、参与并确保大家理解并接受我的信息方式。

请记住，只有在演讲人真正了解他们的主题时，非正式演讲的方式才是有效的。非正式演讲并不是指漫无目的地瞎画或者瞎讲故事，它需要演讲人认识到一点，那就是在传递出有重点、有影响力的信息的同时，采用非常放松的方法。

还有……远程演讲

除了这些面对面的演讲方式，我们还需考虑到一种越来越普遍的演讲形式——远程演讲，其具体可分为一对一的网络视频演讲、大型网络会议以及在 SlideShare 和 YouTube 这些网站上传的已录制好的演讲。

显然，用一本书的一个章节来谈论所有的这些演讲类型是不明智的，而且还会自曝其短。这个话题太大了，至少需要一整本书来探讨才能够讲述透彻。然而，在这里我还是要提供一些关于独自在办公室面对摄像头做演讲时应该记住的基本准则。

1. 出现不确定的情况，按照正式演讲的准则来进行。

如果你认为互动在和听众面对面交流的时候就已经是个难题，那么和一群虚拟的听众交谈时互动就更不可能了——无论你选择的软件供应商给你多少个“大拇指”表情也不管用。

2. 记住，每一分钟你都在和各种分散注意力的诱惑作斗争。

当和听众面对面演讲时，你能很强烈地感受到听众什么时候在认真地听，什么时候没有。大多数的听众都有教养、有礼貌不会让你察觉到他们在看邮箱、登录 Facebook，或是偷偷吃午餐。然而，这些行为在网络演讲的情况下就很可能会发生了，而你和你的演讲就要时刻和听众的注意力作斗争。

解决的办法很简单：让你的演讲比他们 Facebook 上最新的动态更有趣！

3. 墨菲定律——无论你准备得多充分，意外总会发生。

每一个经验丰富的远程演讲人都有关于宽带连接失败或防火墙阻挡了网络连接的战斗史，而每一次的成功就是一枚荣誉勋章（我自己就有好几枚）。

从技术层面看，你所能做的仅仅是检测网络连接，尽可能多地和你的联系人提前演练。然而，尽管准备充分，还是会有许多防不胜防的情况出现。我记得有一次我正在参加一个远程演讲，演讲人是一名供应商，当时在他自己的家中给我们进行演讲。演讲一直进行得很顺利，突然，我们听到了一声巨大的开门声，紧接着一个孩子大声说道：“妈妈，我现在要上厕所！”（这些也是远程演讲中的欢乐时刻）。如果还有什么值得注意的事项的话，那就是确保你的门是锁着的，让你的家人知道你在做什么！

注意：如果你的演讲真的十分重要，你不能承受失败的结果，那么还是坐上飞机亲自去面对听众演讲吧。你的听众会认可你的努力，而你也不必担心技术上的问题或淘气的孩子会搞砸你的演讲。

制造有竞争力的优势

“必须－打算－喜欢”的出现改变了我们向听众传递信息的方式。我认为，它比任何新科技（尽管 iPad/ 平板电脑的出现十分令人兴奋，但这也仅仅是一种新工具而已）或新的设计理念都要重要和有用。

“必须－打算－喜欢”能让我们和听众在一个全新的层面上建立联系，而这一点是任何单一的演讲工具都做不到的。

我之所以敢于做出这样大胆的言论的原因很简单——这一切都取决于人们是否能够识别机会和利用机会。一旦我们理解了任何演讲场合都有他们自己的应用范围，并使用这一理解来应用正确的讲述故事的方法和工具来满足听众的需求，那么我们就自然而然地把听众的参与度提升到了一个新的高度，而这不仅能为我们提供更多实现目标的机会（还记得“必须－打算－喜欢”吗？），也能解决听众们的具体需求。

没有什么别的办法：如果你对“必须－打算－喜欢”很好的理解了并使用了混合式的演讲方法，那么你的演讲将具有竞争性的优势，而这些优势在企业内部演讲和会议演讲中是十分有用的，对销售演讲和投资演讲来说则是无价的。

混合型演讲：一个客户的童话

E4

Element A B C D **E** F G H

随着我们的“演讲优化方法”越来越被人们所知，我们开始接到来自大型跨国公司的电话，向我们寻求帮助和指导。这些项目非常令人激动，既能让我到一些很棒的国家看看，又能和高素质的企业和人员一起工作。

在早期接到的国际企业项目中，有一个项目让我格外印象深刻，原因有几点。当时我们已和一家德国软件公司的欧洲办事处合作了很多年，给他们在不同的演讲场合提供帮助。我们参与过的项目包括销售演讲、大型活动之前的演讲以及各种内部演讲，并且我们一直使用 PowerPoint 作为每次的演讲工具。

毫无疑问，该公司把我们归类成了“PowerPoint 人员”。这一称呼再适合我们不过了，而他们的演讲也需要很多的 PowerPoint 来辅助。久而久之，我们在该行业里有了很好的名声，而这一消息最终传到了美国。

一次，我被要求参加一个机密的电话会议。在会议中，他们宣布该软件公司正在并购他们最大的竞争者之一。这一并购会对他们已经很强大的业务带来巨大的影响——修改过的客户提议、货运市场中更大的影响力以及更深层次地嵌入到逐渐增长的客户群中的机会。这是一个令人激动的消息，因此他们需要一个幻灯片来作为首次推广培训的一部分，并用来为他们的国际销售团队培训。之后，我坐上了飞机的商务舱，到达了他们在美国的办事处，并下榻在东海岸最好的酒店之一。

在一间封闭的屋子，面对一群年龄较大的管理层团队，我们开始了“演讲优化方法”的步骤。我们对潜在的听众建立了良好的认知，很快地找到了关键信息。然后我们就开始着手准备内容了。

也就是从这时开始，冷汗逐渐冒出来了。

听众热图显示，听众绝大部分是事实型，但又有很强的视觉要求。这一点并不出乎意料，因为这是一个高度技术化的销售，销售额可达几百万美元。鉴于新方法的技术含量如此之高，我们在准备内容的时候就必须添加很多细节，而这一点很可能会让听众中视觉型的人群感到不适。我引以为傲的能力之一就是使用PowerPoint来做一些本不是PowerPoint应该做的事，而这一步看上去似乎有点远了。

我除了说出我的担忧之外没有其他办法。我战战兢兢地转向那些高层管理者和慷慨的东道主们，并说出了以下致命的话：

“这个用PowerPoint完成不了。我觉得使用这些简单的幻灯片行不通。”

说完这句话，整个房间一片寂静。（哦，天啊）。

我继续说下去，解释说故事本身非常吸引人，然而如果一味地坚持使用PowerPoint的话，那些能够吸引听众的内容发挥不了作用。

我建议继续进行可视化的思考，看看会议的后半部分能够为我们带来什么样的灵感。我觉得，当时整个房间的气氛变得有些尴尬，都是因为我的缘故。（哦，天啊）。

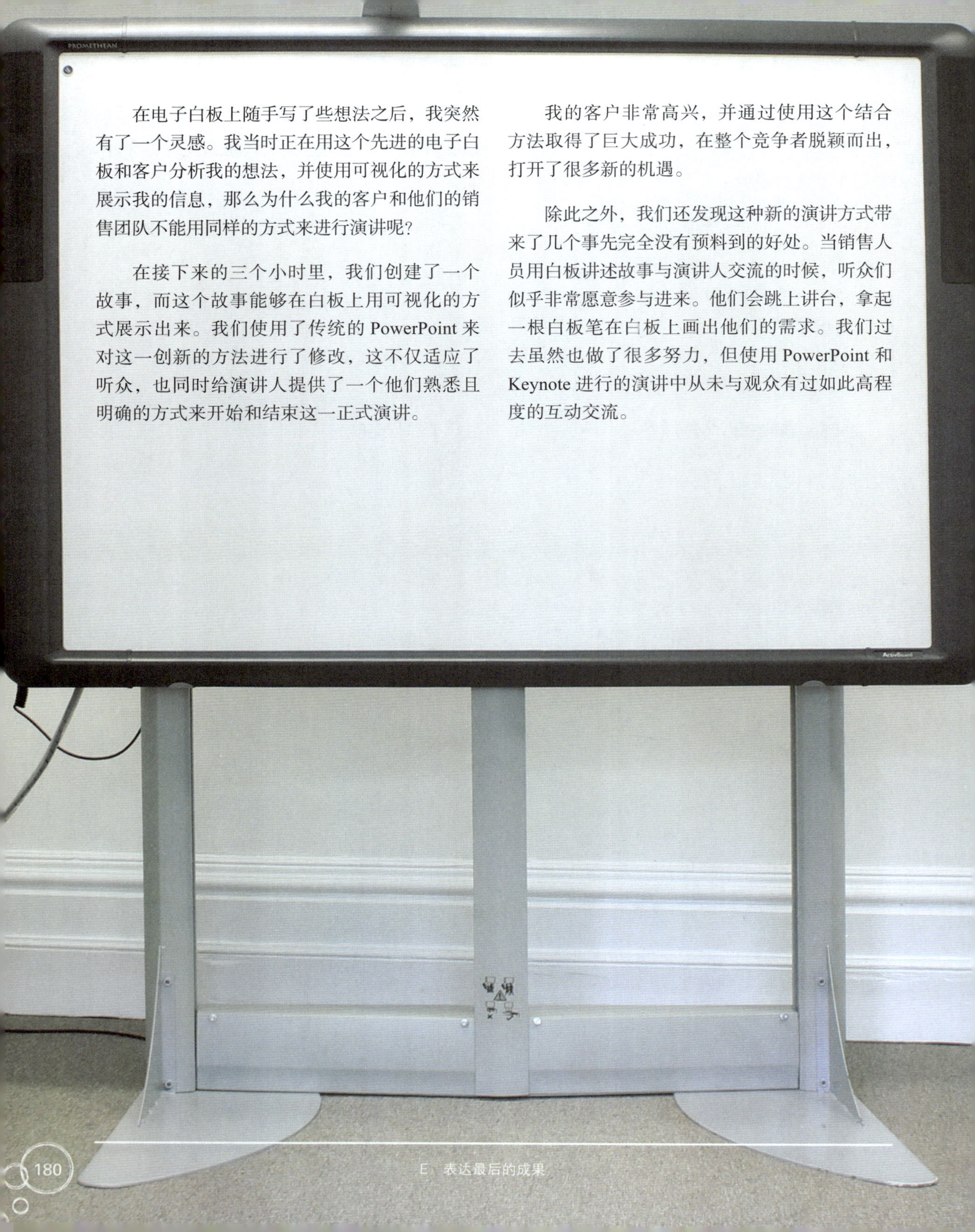

在电子白板上随手写了些想法之后，我突然有了一个灵感。我当时正在用这个先进的电子白板和客户分析我的想法，并使用可视化的方式来展示我的信息，那么为什么我的客户和他们的销售团队不能用同样的方式来进行演讲呢？

在接下来的三个小时里，我们创建了一个故事，而这个故事能够在白板上用可视化的方式展示出来。我们使用了传统的 PowerPoint 来对这一创新的方法进行了修改，这不仅适应了听众，也同时给演讲人提供了一个他们熟悉且明确的方式来开始和结束这一正式演讲。

我的客户非常高兴，并通过使用这个结合方法取得了巨大成功，在整个竞争者脱颖而出，打开了很多新的机遇。

除此之外，我们还发现这种新的演讲方式带来了几个事先完全没有预料到的好处。当销售人员用白板讲述故事与演讲人交流的时候，听众们似乎非常愿意参与进来。他们会跳上讲台，拿起一根白板笔在白板上画出他们的需求。我们过去虽然也做了很多努力，但使用 PowerPoint 和 Keynote 进行的演讲中从未与观众有过如此高程度的互动交流。

除此之外，我们客户的销售团队还把听众们**手写的要求**照成照片，放在幻灯片中，**以可视化的方式展示了听众们最具体的需求**。这就意味着他们可以使用电子白板的功能来发邮件或直接把它加入到策划文档中，并可以在之后的时间里随时引用从而为其客户提供一个真正的私人定制化的服务。

在盲目的恐慌中我最终找到了一个超出所有人预料的解决方案。

就我个人而言，这个项目让我彻底改变了对演讲过程的看法。通过打破既定的模式，把不同的工具混合起来使用，我们最终创建了一个对听众来说更加有意思、更有影响力的故事。其实这并不难，只需做到在正确的事件针对正确的内容类型使用正确的工具。这样做的结果是，我们不知不觉地创建了一种新的演讲方法——“混合式演讲”由此诞生了。

我们不再认为演讲必须始终使用一种形式。我们的客户普遍接受了一点，那就是优化信息和故事是首要任务，而这也经常是创建演讲中最难的一个阶段。把故事可视化，并用不同的演讲方式表现出来往往是最有趣的部分。这一部分需要我们考虑在什么场合，和什么类型、规模多大的听众互动，从而选择最适合的工具，最终达到非凡的效果。

突然间，使用什么演讲形式完全由听众来决定，而演讲人则可以任意组合他们演讲工具箱中的所有工具。

这很令人激动人心，关联性很强，也很厉害。

工 具

E5

有太多的方法

在深刻地理解了演讲场合之后，你可以把注意力转向成堆的可供使用的工具了。如果能够在混合式演讲方法中恰当使用的话，这些工具将能够在你的思考以及听众的互动上起到很大的帮助作用。

现在是该看看这些工具的时候了。然而，如今演讲领域中有这么多可供使用的工具，人们在选择的时候往往有些不知所措。

小心那些新鲜玩意儿

全世界的演讲人都会经不住诱惑想要尝试那些新的工具，不管是因为想尝试那些新颖的功能，还是因为这样做能在听众面前显得很高端。

当苹果公司发布 iPad 的时候，人们争先恐后地把 PowerPoint 制作的演讲转换成 Keynote 格式（在 iPad 发行早期这是一个相对缓慢的过程），从而那些高管们可以在下一次董事会的时候使用这一新玩意儿。然而由于缺乏显示插孔（VPA port），iPad 在对超过三个人的听众做演示的时候就显得非常糟糕。尽管如此，人们还是固执地坚持使用。

在线演讲工具 Prezi 在 2011 年初被人们逐渐开始使用，也因此显得与众不同。这些工具所具有的聚焦和飞速移动以及一些比较新颖的功能吸引了很多人，但有些时候听众对这些工具并不买账，尤其是那些容易被天花乱坠的特效弄得头晕脑胀的听众。

我清楚地记得与向我们寻求帮助的一家创意机构的一次谈话。首席演讲人非常清楚，不管是对他的听众来说还是对演讲的信息来说，Prezi 都是错误的工具，但还是禁不住想使用它，因为“我们都期待能适应最新的科技”。

即使 Prezi 根本不适合演讲？往好了说，这叫有勇无谋，往坏了说，这简直就是对听众不负责任。

放在哪里最合适

啊！并没有一个明确的列表指明什么工具最适合在什么样的演讲场合使用。诚然，“演讲实验室”的目的是让你具备足够的知识来在正确的时间做出正确的选择。了解演讲场合并掌握混合式演讲模式的好处是，你可以在最适当的时候使用这些演讲工具，从而真正提高听众参与度。

毕竟，没有规定说你不可以打开电脑用PowerPoint来做一个非正式的演讲——如果这是让听众参与进来最好的方式的话。同样，如果用PowerPoint不能达到这一效果的话，你就必须选择其他的工具。

下面显示的“混合式演讲方法”就是为了给你提供一个最佳使用指南而设计的。我们是在和上百家的企业合作了上千个演讲之后发展出来的，这些演讲可以被分成以下三个大类。

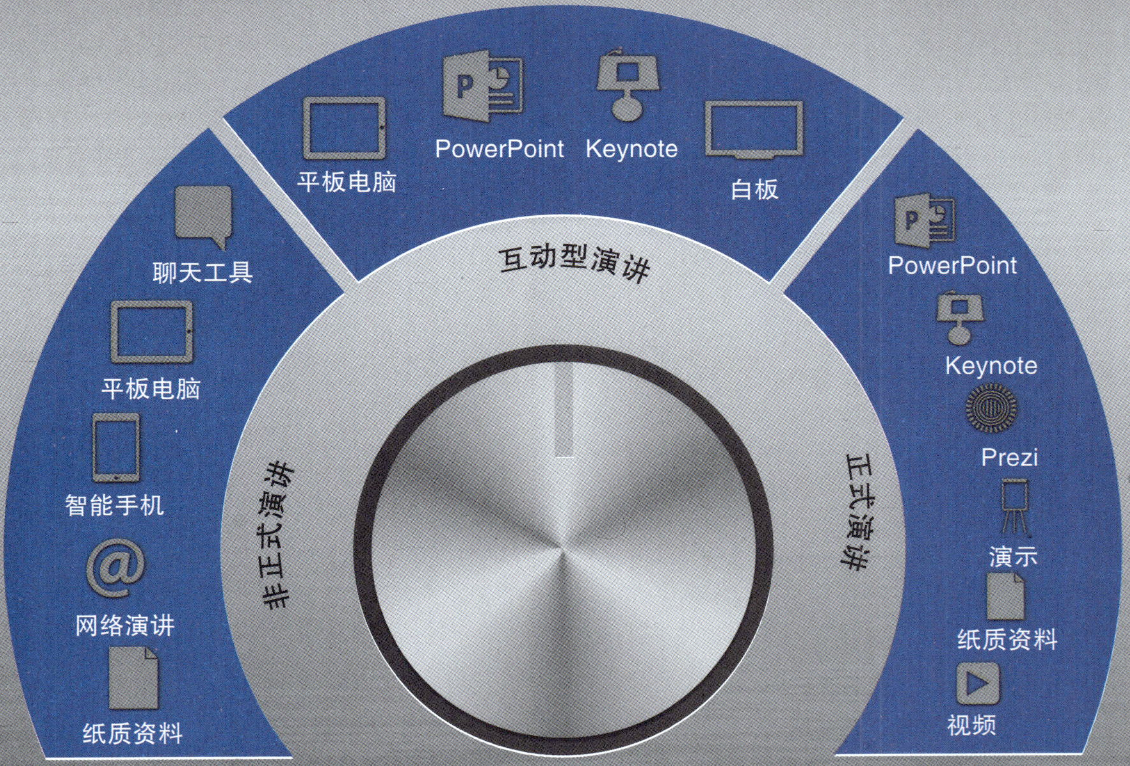

记住这一点，你就有了良好的开始。我们列出了一个使用这些演讲工具时经常会有的意外。接下来的部分包括了我们对这些工具的优缺点的分析，以及在什么场合可以使用它们。当然最重要的是，每种工具最适合的听众类型是什么。

PowerPoint

正如先前讲述的一样，PowerPoint 是全世界绝大多数商业演讲人最青睐的选择。最常被人们引用的一个数字是，每天有 3000 万个 PowerPoint 演讲（请注意，这一数据是在 2001 年的时候预测出来的）。在 2012 年，微软宣布全球超过十亿的电脑用户上都安装了 PowerPoint。因此，PowerPoint 几乎不可避免地成了演讲的同义词（尤其是不好的演讲）。

PowerPoint 最早是在 1987 年作为 Mac 系统的工具出现的，那时它叫做 Forethought，然而在被微软公司购买之后（最开始比尔•盖茨并不愿意），PowerPoint 开始受到官方欢迎，并成为了每个商业人士电脑上的必备工具。

对于每一个 PowerPoint 的粉丝来说，有十个人把它看作是大规模沟通不善的工具，商业活动中很多罪恶的源泉，即大量填鸭式的数据和普遍存在的理解缺失。然而，这样说似乎还是没有说到重点；PowerPoint 仅仅是一个软件，把糟糕的商业演讲和大量不顺畅的交流的原因归咎于 PowerPoint 就好比今晚没有好看的节目而怪罪你的电视机一样。

真实的情况是，PowerPoint 既不是罪恶的源泉，也绝不是如天使一般完美。正如当前所有的科技一样，用户需要接受它的优点和缺点。

优点

PowerPoint 可以很好地完成很多功能。它使用起来非常简单，尽管有些最新的版本在图片处理和视频剪辑上的功能操作起来有些复杂。

但和其他工具相比，PowerPoint 很灵活，并能把创建的幻灯片转化成多种输出形式：视频、纸质打印版、PDF 等，如果有合适的插件的话，还可导出成网络格式如 Flash 和 HTML5，而这些都非常容易操作。

被懂行的人使用好的话，PowerPoint 也可以成为非常强大的互动式演讲工具，能够让演讲人把信息渗入到听众的头脑中，解决他们最感兴趣的问题。和 PowerPoint 的很多功能一样，大部分要不就是未被人们发觉，要不就是被那些“准合格”的演讲设计师们使用得十分糟糕。

缺点

矛盾的是，PowerPoint 非常易于使用的特性也带来了很多问题。它的内在本质和广泛的可应用性使得每一个有 Office 软件的商业人士都会安装 PowerPoint，并错误地认为他们有了 PowerPoint 以后就可以制作一个很好的可视化演讲了。然而，正如我们先前探讨过的，制作一个吸引人又有影响力的演讲，光把一些带有动画的幻灯片放在一起是远远不够的。PowerPoint 常常给使用者带来一种虚假的安全感和信息，让他们相信 PowerPoint 本身就能做到一切。

有一段时间，很多听众对演讲不满意，使得 PowerPoint 经历过一段非常困难的时期。其原因之一就是没有做好充分准备的演讲人常常掉入一个陷阱，即把他们的内容倾倒进幻灯片中，而没有考虑演讲的信息、故事和结构。虽说把罪过归咎于微软公司的程序师有些不公平，但他们确实可以通过提供指导和建议来帮助他们的客户（和他们的听众）更好地使用 PowerPoint。相反，他们所做的仅仅是提供了一些令人眼花缭乱的背景模板选项，以及空白的子弹头列表式的幻灯片。**人们不会以子弹头列表的模式思考，人们会在图像中思考**。而 PowerPoint 似乎在引导用户走入错误的方向。

很多的文字、书籍、视频和博客等都在指出 PowerPoint 的缺点。像我之前说的，PowerPoint 并不是所有罪恶的源泉。

然而，从 Word 工具的延伸到可视化演讲工具的转变是全世界所有商业人士都应该意识到的问题。更重要的是，微软的开发人员和程序师也需要注意到这一点。

和什么最适合

PowerPoint 最大的优势之一就是它给演讲人所提供的灵活性。想要加一段视频？没问题。链接到外部资源？没问题。把你的幻灯片导出成 PDF 格式或讲义格式？小菜一碟。

PowerPoint 的灵活性使其成为混合式演讲方法最常用的演讲工具。在合适的时候把一个视频嵌入一张幻灯片中可以让两者之间实现无缝连接，那么为什么不让视频成为背景呢？这个“Launchpad”方法看上去是 PowerPoint 最佳的使用方式。它能让你随心所欲地添加任何东西，能和几乎所有的媒介一起工作得很好，甚至是 iPad。

何时使用

同样，PowerPoint 的灵活性让这个问题变得很难回答，因为它可以在绝大多数场合使用。

我们建议使用典型的 PowerPoint 观念，而这可悲地意味着“我说，你听”模式。这一模式是结尾带有提问环节的正式演讲的最佳方法。在这种正式的环境中，无论是一个研讨会、会议或是销售选举会，都是 PowerPoint 最适合的场合。PowerPoint 在 1987 年就是为这些场合而设计的，而那些功能如讲话者笔记尽管非常地有价值，但对于微软公司人仍然认为它们在现如今依然适用的环境来说，意义更重大。值得人们警示的现象是，一张接一张的线型的幻灯片。尽管这种格式非常适合“我说，你听”的演讲人，但它有可能会在听众（尤其是 CEO）举起手来问一个你没有预料到的问题时，让整个演讲变成一场噩梦。

在这种时候，演讲人眼看天花板，然后要求以下三件事：

- 找个地缝钻进去；
- 带有问题答案的那张幻灯片的编号赶快出现在脑中；
- PowerPoint 能够成为一个互动工具。

谢天谢地，这些正式演讲正逐渐地不再成为行业中不成文的规定。在销售和市场营销领域，一个互动性更强的方法正在变得越来越受欢迎。在这一互动的情景中，与听众交流、故事讲述和信息传递的程度都大大增强，因为它能让演讲人和听众参与到一定程度，从而使得演讲成为了一次交流。PowerPoint 可以提供这些情况所需的所有功能，同时又能让紧张的演讲人使用其熟悉的工具。

我们不建议在非正式演讲中使用 PowerPoint。

没有什么能比打开电脑一张接一张地播放幻灯片更快地杀死演讲人和听众之间建立起来的和谐又温馨的关系的了。这里需要注意的是，一定要仔细考虑如何选择演讲的工具。如果一个精心制作的图片幻灯片通过智能手机或平板电脑来展示，则可以在非正式的演讲环境中有很好的效果。但要注意不要过多使用，并且需要对听众的类型了如指掌。

和谁使用

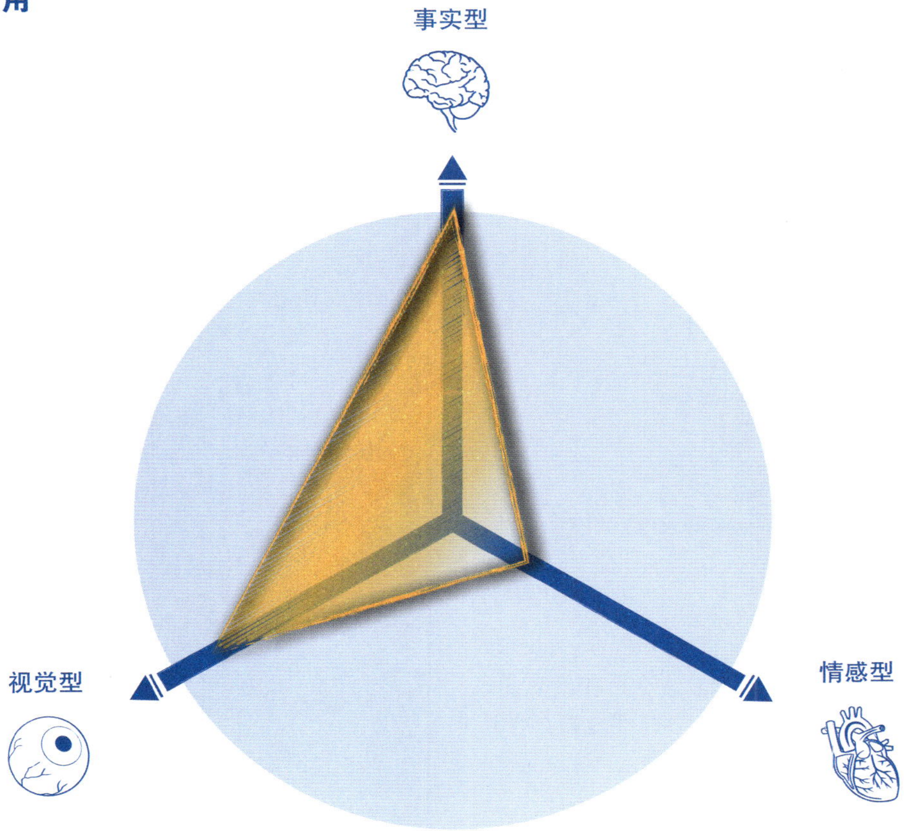

如何使用

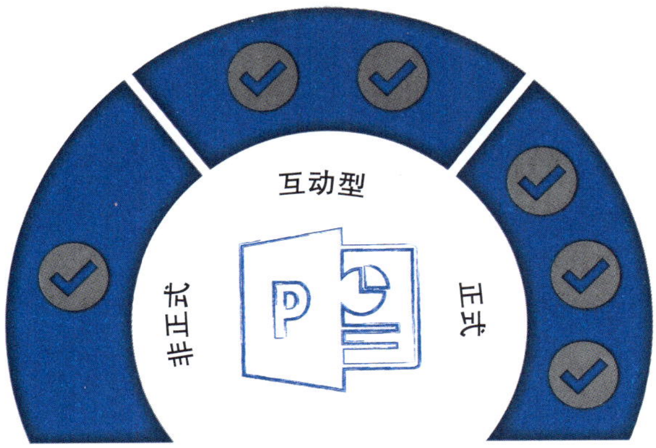

Keynote

在商业研究领域中关于PowerPoint和Keynote的争论愈演愈烈（我不是在开玩笑，我曾见过双方的支持者在就各自性能激烈地争论着，甚至到了人身攻击的程度），Keynote其实可以被认为是苹果系统中的PowerPoint。

在iPad出现之前，一提到Keynote，人们首先联想到的是乔布斯和他的苹果公司的会议演讲。那些干净漂亮的图片、顺畅的连接和独特的动画使其脱颖而出，让PowerPoint显得只是一般企业的选择，而不是乔布斯每次出现时陪衬的那些美丽又有趣的幻灯片。

iPad的出现使keynote第一次被广泛接受，让苹果公司这一新软件落入了全世界商业人士之手。这些人用他们的iPad分享演讲。当他们寻找和PowerPoint最相近的工具时，Keynote应用出现了。如果不是有了iPad，这些商业人士恐怕不会想到使用Keynote这一工具。

很多创意机构也因此跟随潮流（正如那些苹果产品的追随者），开始把Keynote作为在为他们的客户制作和准备演讲时的首选工具，而这也是问题开始出现的时候。

问题是，尽管这些创意机构很享受Keynote的图像功能，但他们客户的工作环境却是Microsoft Office的世界，当然其中包括广泛使用的PowerPoint。尽管很多人站出来澄清，但不可否认的是，微软和苹果系统软件缺乏兼容性，而这也成为了创意领域中一些人不愿改变的原因。创意机构不愿意理解或试图学习PowerPoint（这里肯定有势利的价值观念在作祟），而他们的客户却坚持使用PowerPoint。

我的公司对苹果系统和微软公司的系统都很熟悉，因此能够一直顺畅地为那些从此和PowerPoint划清界限的创意机构提供服务，尽管他们的客户一直在使用PowerPoint。这说明世界上最成功的、最受欢迎的两种幻灯片软件之间的分歧在持续。这很令人沮丧，却是真的。

令人感到难过的是，故事没有一个皆大欢喜的结局。Keynote 和商业领域原有的 PowerPoint 文档之间的不兼容性产生的问题如字体、客户演示（见前面章节关于互动式演讲的部分以及动画）意味着每当人们打开一个由 PowerPoint 转化成 Keynote 的演讲（反之亦然）时都胆战心惊。

优点

尽管有来自无数苹果产品的粉丝们的抗议（我是用苹果的 MacBook 写下这些话的），Keynote 和 PowerPoint 其实没有什么本质的区别。听到这句话，苹果公司和微软公司的支持者们可能会觉得后背一阵发凉，但对演讲工具的使用者来说，这两者的功能基本上打了个平手。

Keynote 曾一度在动画效果和幻灯片切换上有明显优势。Keynote 的动画效果更有趣，切换更流畅（主要因为它的硬件更好），因此总体上看上去更上档次。它们最大的王牌是一个叫做“Magic Move”的动画工具，能够轻而易举地制作某些动画，因此使得 Keynote 和 PowerPoint 相比在这些细小的地方略占上风。然而，天马行空的动画效果并不能确保一个好的演讲；相反大多数时候，它们成为了糟糕演讲的原因。但总体来说动画效果方面还是 Keynote 比 PowerPoint 更有优势。

然而随着时间的推移，微软的软件开发人员逐渐赶了上来。在最新版本的 PowerPoint 在动画方面甚至超过了 Keynote。

所以，Keynote 真正的优势是什么呢？购买价格比较便宜。然而，它需要运行的硬件却比 Windows 系统的电脑要贵很多。总而言之，这都是你自己的选择。

缺点

伴随着 iPad 的出现，Keynote 逐渐打入了当今世界对高科技趋之若鹜的商业演讲人圈子。然而，商业演讲人们似乎没有足够的投资来保持 Keynote 的领先性，和 PowerPoint 的不兼容也是问题，并且仍然不支持许多人们期待平板电脑中有的功能，尤其是在智能超链接来支持互动演讲的要求方面。正因缺少投资，不知不觉地让一些应用商家抓住了机会，开发一些演讲制作的应用，为商业演讲人在 iPad 上制作演讲。

另一个让人抓狂的一点是，Keynote 的 iPad 版和其桌面版相比，功能似乎少了许多。当然，iPad 版是一个简化版本。背后的逻辑是，软件开发商意识到了一点，那就是在创建内容上，任何平板电脑都是不完美的。缺少键盘和鼠标使得在处理细节上非常不方便，且费时间。然而，Keynote 的开发人员似乎乐于接受平庸，而不是勇于创新最大程度地利用苹果系统。

适合何种听众

正如 PowerPoint 能够把幻灯片转换成不同的格式和媒介一样，Keynote 也可以转换成 PDF 格式、打印格式、HTML 格式和 QuickTime 视频。

毫无疑问，Keynote 最大的优势就是它能在 iPad 上工作。对于那些已经全面使用苹果产品的商业人士来说（尤其是创意产业的人），把用 Keynote 制作好的幻灯片从笔记本电脑移动到 iPad 上是件轻而易举的事。

如果能够用心针对每一种听众类型来做准备的话，使用 Keynote 能够让你的混合式演讲形式展现出真正的魅力。

何时使用

和 PowerPoint 一样，Keynote 的最佳搭配也是那些互动式的演讲。由于缺乏自定义播放功能，因此制作能够真正和听众互动起来的演讲似乎还是不太容易。

由于可以在 iPhone 上播放，所以在准备非正式演讲的时候，Keynote 也很有用。

和谁使用

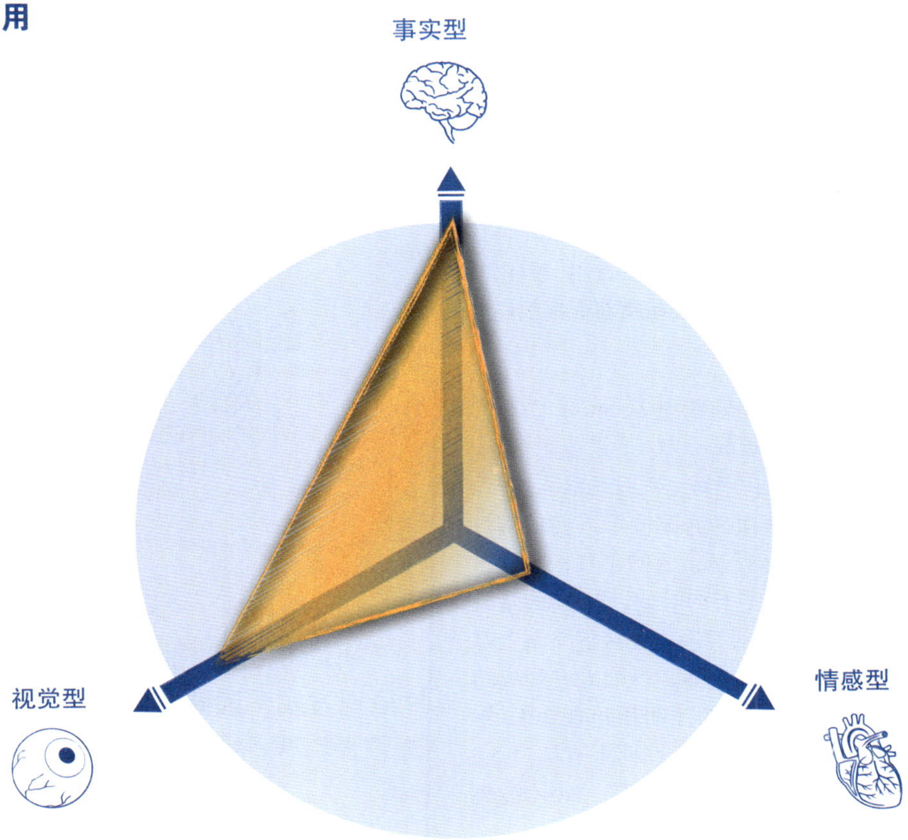

如何使用

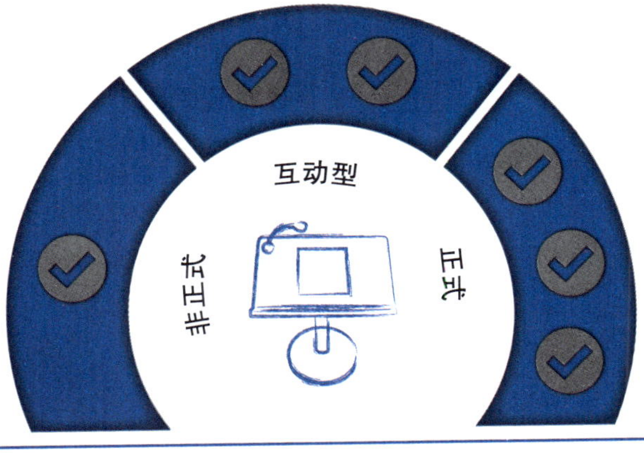

Prezi

如果有一种幻灯片制作软件显示了市场对于新兴演讲方式的渴望，那么这一定是 Prezi。Prezi 诞生于 2009 年，当时信誓旦旦地声称它能够改变整个幻灯片演讲领域。虽说 Prezi 打败 PowerPoint 成为业界老大还需一段时间，但它的出现确实让很多商业演讲人开始重新审视他们演讲中的图像和表达方式。

Prezi 的秘密武器是它使用 Zooming User 界面（Zooming User Interface, ZUI）来传达信息。由于它可以让演讲人在屏幕上随意地放大图片、文字和其他媒介，从而彻底改变了人们对幻灯片演讲的印象。Prezi 是基于云的工具，因此很容易使用（在我写这本书的时候，Prezi 的基础版还是免费的），从任何有网络连接的终端上都可以使用。Prezi 新颖的功能，再加上一些成功的营销方案，使得 Prezi 的注册用户在 2012 年的时候超过了 1 800 万，每年在网上有超过 2.5 亿的 Prezi 制作的演讲被人们阅览。Prezi 很快地成为一种流行的软件。

Prezi 独创的可视化功能使其从那些标准化的直线型演讲工具中脱颖而出。然而，还是需要警告大家一下，据报道有时 Prezi 的使用可能会走向极端。一些听众曾在大屏幕上观看快速切换的 Prezi 幻灯片的时候有过头晕的经历，甚至呕吐。尽管大多数听众没有如此极端的反应，但也被整个 Prezi 的方式震撼到了。

可能是由于 Prezi 独一无二的幻灯片呈现方式，因此它把商业演讲领域分成了很多不同的部分。

很多人很喜欢 Prezi 这种流畅的切换模式及其新颖的非线型的方式来分析他们的信息；而另一些人则不屑地把 Prezi 看成有花哨功能却不实用的花架子，在真正进行演讲的时候过多注重样式而不是内容。

我个人的观点是 Prezi 在众多传统演讲工具中占有一席之地，但它的使用仅限于一些特定的听众。把 Prezi 看成是 PowerPoint 或 Keynote 的竞争者未免有些天真。在对某些听众进行演讲的时候，使用 Prezi 可能会是一件极其危险的事情。

让我来详细说明。

优点

除了 Prezi 独特的放大功能，我们还应感谢 Prezi，因为它让商业人士开始用不同的方式来思考如何制作演讲。Prezi 的本质决定了演讲人不能再不经过大脑把幻灯片填满子弹头列表。在真正用 Prezi 设计演讲之前，演讲人必须要深入地思考、计划、考虑听众的需求。但这并不意味着用 Prezi 做出的演讲都很好，而是说明 Prezi 能够让人们不要落入自动提词机式演讲制作的陷阱。

也许 Prezi 最显著的优势是它和其他相似的工具非常不同。在如何提升演讲的参与度方面可不要小看 Prezi 的创新功能。但请记住它也是一把双刃剑。

如果你的听众都被那些放大功能所倾倒，而没有注意你演讲的信息本身，那么你的演讲也是失败的，就这么简单。

缺点

Prezi 很擅长一项功能：放大和缩小，但这几乎也是它所有的优势所在了。所以，如果你的演讲并不需要高强度的动态效果，那么 Prezi 可能对你就没什么用处。也许是因为对像 PowerPoint 和 Keynote 这样的工具的功能十分认同，Prezi 的开发人员在更新 Prezi 的附加功能上十分缓慢。

Prezi 当前具有淡出的动画效果，且能把 PowerPoint 嵌入进来，可以非常方便地导入其他元素也是其一项重要功能，因为 Prezi 在制作一些除了基本图形以外的图形时很有限。换句话说，几乎所有的元素都需要用其他软件先制作好然后再导入进 Prezi，而这既费时间，又烦人。我的一个同事最近说："光靠放大和缩小的功能可真是不行。"

最后，Prezi 的一个致命的缺点：独有的放大缩小功能很可能分散听众的注意力。

和什么在一起使用

把 Prezi 作为混合式演讲方法的一部分来使用再好不过了。人们会很自然地把 Prezi 和其他的技术和方法结合到一起使用，从而提高听众的参与度。这既能让你的演讲看上去很炫，又能保证完好传递信息。

Prezi 还可以和 PowerPoint 一起使用，转换成视频文件，或者是作为网站或展台上的介绍视频。总而言之，Prezi 最好是作为众多演讲工具的一部分来使用，而不是作为很多演讲场合中唯一的工具来使用。

你可以把 Prezi 当成是一道菜中调味料。如果使用得当的话，它可以为这道菜增添味道的纯度和厚度。但如果你添加得过多或过于随意的话，它就可能盖过了整道菜本来的味道，让菜在嘴里的味道变差。所以，使用的时候要格外小心！

何时使用

如果我前几段所写到的有关 Prezi 的缺点让你开始怀疑是否应该使用这项工具，或者拒绝把它融入到你的混合式演讲方法的话，那么我会十分内疚。Prezi 的放大和移动功能确实和很多酷炫的应用有一拼，且能够对商业演讲产生强大的影响。

在 Eyeful 公司，我们对 Prezi 的使用非常成功，主要体现在以下几个方面。

一个动态的时间轴。若想用快速且吸引人的方式和听众分享 IT 路径图或公司历史，使用 Prezi 非常合适。

一个步骤地图。我最喜欢的应用之一是，我们把一个商业外包流程提供商的未来做成一个一步一步的旅行，来向听众展示供应商是如何处理生意的。

一次“飞行穿越”。我们带领听众进行一趟视觉之旅，参观的是为我们的物流客户准备的大型但非常安全的仓库装备。

Prezi 在这些具体方面应用得非常好——但只限于此。

和所有当前的科技一样，Prezi 的使用其实也是发现最适合它的应用领域的过程，而不能仅因为它的新功能就盲目地使用它。

和谁使用

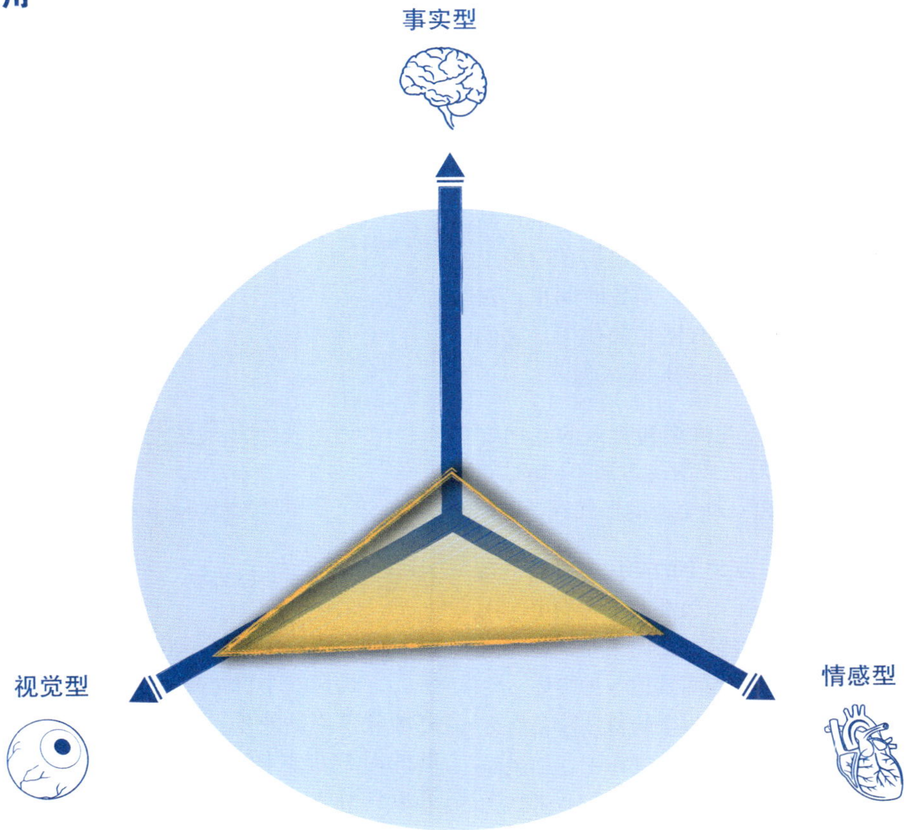

如何使用

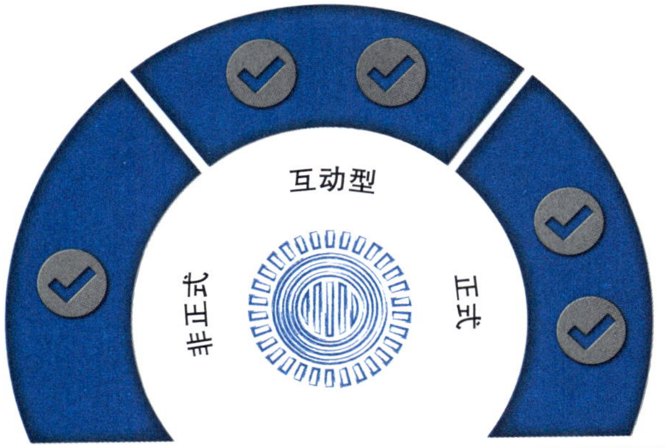

白板

在全世界范围内的各种大小规模的高管会议室，白板一直处于被忽视的状态。它们有时被想起来使用一下，要不就是作为 PowerPoint 或 Excel 表的投影屏幕，要么是激情洋溢的产品经理一时兴起，和一脸茫然的客户们在白板上分享他们最新的产品示图。大多数时间里，白板都没有被人们重视，没有被充分使用，它们代表着全球商业演讲人错过的巨大机遇。

一旦白板被使用，它将把和听众的互动带到一个全新的层次。与正式演讲方法不同的是，它能让演讲人与听众以一种全新的形式互动。

白板的种类很多，从墙上的一片塑料板，到能和你的电脑相连的电子白板都有。人们可以用白板笔、手指或电子触屏笔在上面工作，有的白板甚至能够上网，使用视频和其他各种媒体。使用白板的乐趣之一是，你和听众的科技装备有多先进都没有关系。这种方式的关键在于，用最简单纯粹的方式让听众来了解你的故事、演讲结构和关键视觉元素。每个企业都有一个白板——至少在会议室有个纸制挂纸白板——这意味着，你永远不会缺乏做演讲的媒介。

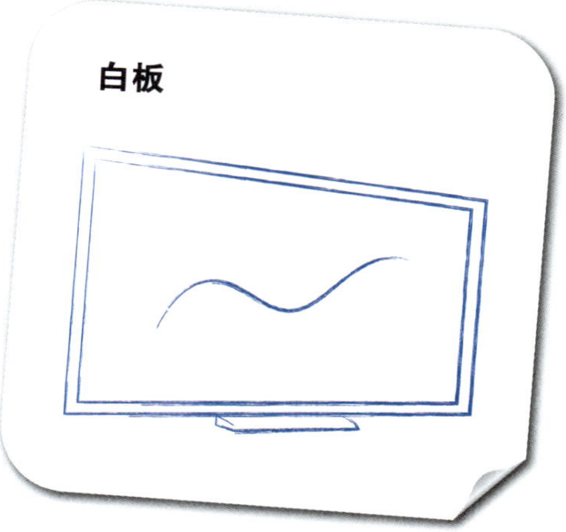

优点

白板的简单就是它作为演讲工具成功的秘密。它就像一个巨大的白布，你可以在上面随意地分享你的故事，且让你在认为对信息有帮助的时候加入图像内容，而剩余的空白部分可以留作与听众互动时使用。和科技安全毯 PowerPoint、Keynote 等相比，白板的特性促使你在演讲的时候要思考出一种可视化的表达方式，因为在白板上用子弹头列表看上去似乎有些奇怪。

白板的特性要求你和听众进行讨论、互动。它很快就会让演讲变成一种合作，让各方都提出自己的想法和感受。

全世界的各个办公室几乎都有白板（如果你找不到的话，一打纸和一支笔对于小规模的听众也够用了）这一点也是个优势。

还有一个更厉害的优点是它可以记录你和听众互动的结果，无论是使用电子白板上的视频载图功能，还是用智能手机照一张照片。你可以把这个与听众一起完成的作品（上面有听众亲手写的文字）作为你演讲之后材料的一部分，如策划书、电子邮件总结或行动提醒文件等。

毫无疑问，能够以这种方式传递你的信息可以给为你提供众多的选择。

不再需要依靠传统的演讲工具可以让你放松一下神经。人们会自然而然地集中注意力，远离手中的智能手机，参与到演讲中去。这也就是白板作为混合式演讲方式的一部分的魅力所在。

我记得有一次通过我们在荷兰的办公室和一家巨型全球分销公司讨论他们演讲真正的需求。在会议一开始的时候，我们就意识到，我们是他们已经寻求过的几个公司之一。尽管这只是一个非正式的洽谈，但他们却十分重视这次会议。

我和我的同事刚一坐下，他们就问到是否需要把我们的笔记本电脑和投影仪连接。我们回答道：也许吧，但让我们先聊一聊，让我们能更好地了解你们的需求。

我们的听众是三名高级经理，很有远见，但给我们的时间很少。如果用听众热图进行分类的话，绝对属于视觉型听众！我们一起探讨了他们的生意和展示过的幻灯片（从上百万欧元的投标到内部讲演都有），之后很自然地转向了白板。这让我们一起创建了一个能够切实解决他们需求的模式，把这些问题使用 Eyeful 演讲模式来解决。整个会议从一开始有可能成为正式演讲，最终转变成了一个参与性很高的讨论会。

最终我们赢得了这笔生意。不仅是因为我们展示了我们了解他们的需求，也因为我们挑战了他们，并应用我们的模式解决了他们的问题。而这一切都是因为我们放下了鼠标，拿起了笔，然后演示了一个我们熟知的结构清晰的故事。

缺点

尽管有众多的好处，用白板进行演讲也不是一点缺点没有。

要想成功地使用白板，一个很棒的故事是最重要的因素。若没有一个很好的故事，即使是最有经验的演讲人站在白板面前时也会紧张得心跳加速。

演讲人（尤其是容易紧张的演讲人）必须真正了解他们的故事，且具有足够的自信对听众的互动作出反应，同时能把一切掌控在内。而这大大增加了演讲的风险，所以使用时要分外小心。

虽然你永远不想把 PowerPoint 或其他幻灯片软件当作自动提词机来使用，但有些时候使用事先写好内容的幻灯片会给容易紧张的演讲人很大帮助。若没有充足的了解和准备，用白板进行演讲就好比是在演讲界走钢丝，且没有安全网，下面是一群鳄鱼。

白板的使用也只有在听众愿意参与的时候才有效！

如果你面对的是一群已进入正式演讲模式的听众，且期待你按照既定的明确计划和形式来进行演讲，那么使用白板就充满了惹怒听众的风险。选择恰当的时机，事先分析你的听众，在你试着说出内容之前了解你想说什么。

和什么在一起最合适

作为混合式演讲的一部分，白板非常合适。它可以简化一些技术性过高的信息，作为了解听众需求的方式，然后找出对应的解决方案，或者仅仅是改善一下房间的气氛。

何时使用

白板通常作为混合式演讲的工具之一使用。在听众的参与度和认同程度都达到最高时把它从演讲工具箱中拿出来。根据我的经验，使用白板的时候很少是在开始或结尾，而更多的是在你演讲的“参与”阶段。

和谁使用

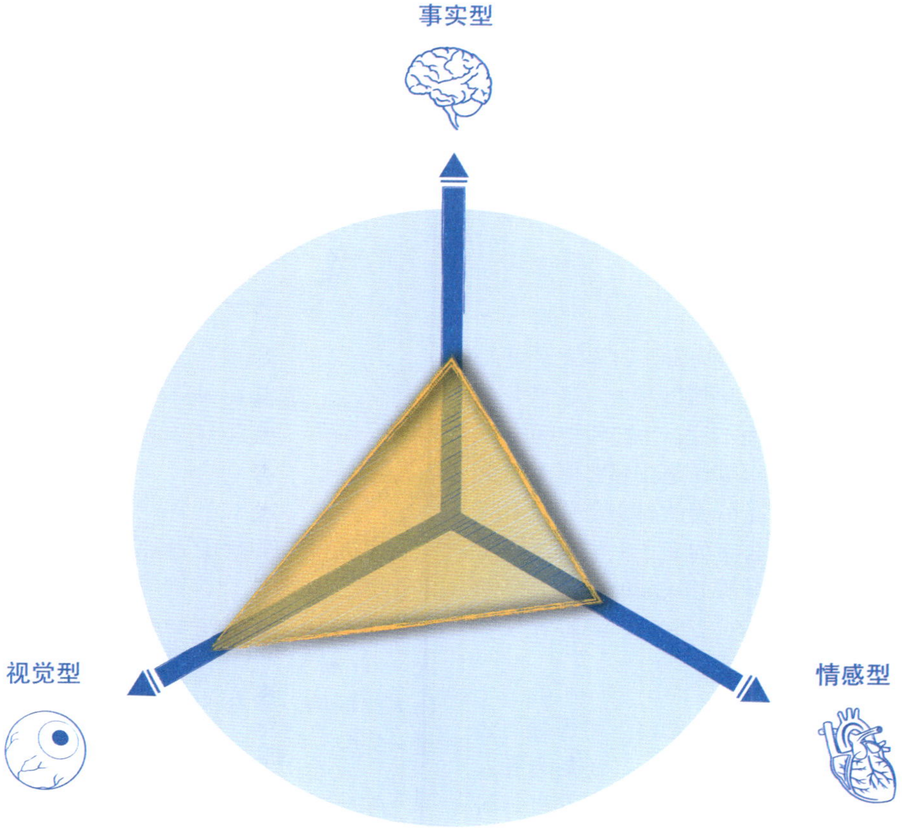

如何使用

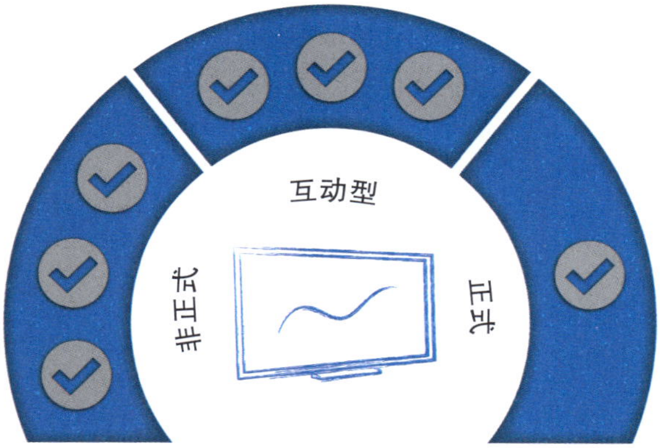

纸质文件

从表面上看，一份纸版的演示文稿似乎并不非常需要。当然，把幻灯片打印出来可以是一种策略，而无论是打印版的 PowerPoint 还是 Keynote，一般都让人首先联想到商业演讲，不是吗？

事实上，远不止如此。

这些打印出来的纸版演讲装订讲究，里面有大量的文字信息，通常都很厚重。尽管大多数人对演讲规则都视而不见，一些行业却十分钟爱纸版打印幻灯片。也许是在那些厚重的页面中的大量文字，或是外面的封套十分吸引听众，或是仅仅是在办公室的桌子上堆满这些文件会显得很好看。金融服务领域的公司太爱纸版幻灯片了，投资公司也爱它们，私募股权公司简直对它们爱不释手。

在我看来，这真的非常奇怪。尽管我们会定期对此表示抗议，但在 Eyeful，还是会有大量的客户青睐以这种形式向特定的听众进行演讲。让我们看一看这是为什么。

优点

演讲和文件的结合体给听众提供了一个逐字记录会议的机会，同时也没有排除有价值图像的使用。这本书的排版和结构是典型的 PowerPoint 格式，而这使书中能够很容易地使用大幅面的、有内涵的图片，所有不要忽视了这一优势。

除此之外，内容的全面性让演讲人和听众都明确一点，那就是所有需要的信息都会在纸版的幻灯片中找到。因此，如果听众中有人想在会议之后和同事分享演讲内容，他们几乎不会错误地传递信息。

尽管我对这种形式的演讲感到非常头痛，但这比很多会议上一张一张地播放幻灯片要好多了。“slideument”是一个由加尔·雷纳德（Garr Reynolds）制造出的单词，用来形容那些文字内容太多的幻灯片，以至于不能称之为可视化工具。但这些幻灯片的文字又不够多，也不能称之为文件幻灯片。

此外，有一种通过使用软件包中的“注释”把图像版的 PowerPoint 或 Keynote 幻灯片制作成视觉上很漂亮的纸版幻灯片的方法。[1]这一软件经常被忽视的功能能够让你排版你演讲时的批注，而当你把它打印出来时，纸版的幻灯片不仅会有你当时演讲时使用的图像，也会包括那些大量的文字。

① 向我的幻灯片达人诺兰海姆斯（Nolan Haims）致敬，感谢他把这一方法告诉大家。

缺点

纸版幻灯片的最大问题就是，人们时常争论这到底算是一个演讲，还是一份文件。从一个带有图像的文件来进行演讲确实非常困难，因为它很可能让你不自觉地向听众大段地读起文字（尤其是在你觉得紧张的时候）。

因此，纸版的演讲很容易在演讲人和听众之间形成障碍，而这当然和你的初衷背道而驰。和听众建立联系的最好方法是分享经历，而这是纸版幻灯片很难做到的。

和什么最合适

纸版幻灯片的最大**优势**在于它可以作为一个演讲后续的材料。

每日排得满满的日程表和每天忙乱的生活往往意味着不可能把你的演讲传递给每一个需要的人。很有可能一次销售演讲中的关键决策人未能出席你的演讲，从而不得不依靠他的同事来传达你的信息。也有可能一个内部会议的听众想在采取行动之前，再对你的建议做充分的考量。在这些情况下，演讲之后提供的纸版演讲材料就成了无价之宝。

什么时候使用

纸版幻灯片最好能够被作为一个演讲的后续工具来使用，从而来重申你的信息，尤其是当一些关键听众未能亲自参加你的演讲的时候。

你也可以针对之前提到的特定金融界的听众来使用，或是在更传统的方法中使用（这是一种礼貌的方式，来表达你的听众不愿意接受另一种演讲方式时，你必须顺从他们）。

和谁使用

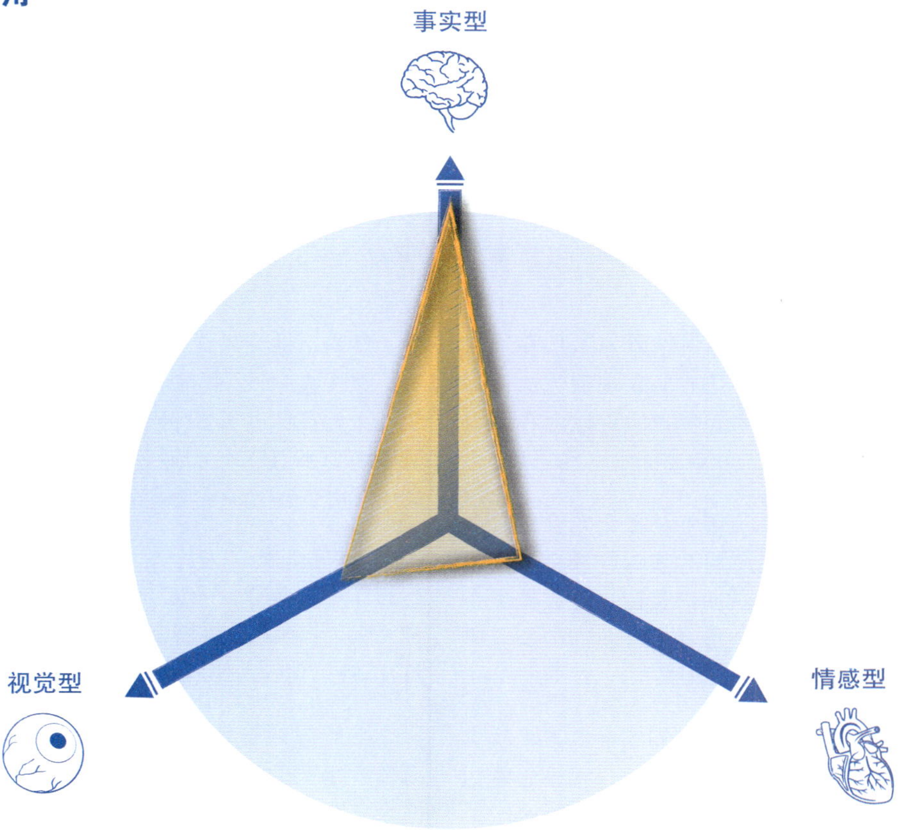

如何使用

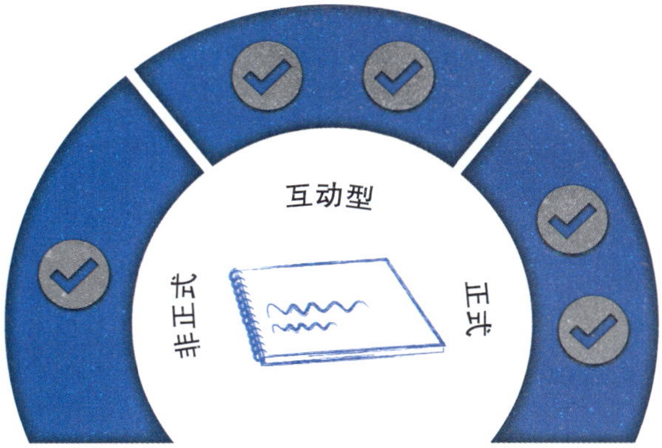

一些对销售经理说的话

E6

Element A B C D **E** F G H

那么，这些各种演讲情景、工具和风格在现实生活中是如何表现的呢？在销售演讲中使用混合式演讲理念有多容易？我会分享下面这个故事来回答这些问题。

我记得有一次和英国的一家公司合作。合作期间我发现他们的幻灯片演讲存在一个比较严重的问题。当他们试图向我们这种成长型企业兜售他们人力资源的服务时，我们的商业关系因此得以开始。

演讲的问题并不在于他们的演讲人。演讲人是一位女士，她有很好的谈吐，很显然熟知她演讲的内容，以她的产品为傲，并且组织了一场很好的会议。

问题也不在于他们传递的信息。他们有很好的产品，并且对于他们的服务能对我们公司产生的影响阐述得也很明确。

问题在于销售人员处理演讲的方式。在她打开笔记本电脑之前，气氛一直很融洽。她努力建立了一种和谐的关系，很显然对我们企业做了充分的调研，问我的都是一些比较有水平的问题。最重要的是，她清楚、自信地回答了我所有的疑问。

然而，她开始进入“幻灯片演讲模式”之后，她就从一个令我信赖的专业人士变成了一个机器人。在经过了20分钟的演讲之后（不知道讲了多少张幻灯片），她和她的员工们之前建立的所有信任感全部烟消云散了。

后来我问她“为什么觉得一定要在会见中进行幻灯片演讲呢？”作为听众，我之前已经几乎被说服了，很想和她们合作。然后，她进行了幻灯片演讲，把这一切全部杀死。

她们的回答让我大吃一惊。“我们的销售总监要求我们每次必须使用幻灯片，而且每次必须按照这个顺序来，使用同一个文本。”之后我才了解，这个企业和一家幻灯片设计公司进行了合作。

这家公司告诉他们，传递信息的最佳方式就是逐字逐句地演讲，呈现他们的故事，不能有一点儿偏差。再加上销售总监对销售团队的理论有些不自信。他们这么做的结果是，让一个本来很好的提案在几分钟的时间里变得令人生厌。

全世界每分钟都有很多类似的缺乏灵活性的演讲在上演，而这样做的代价是极度影响销售人员的成单率，也损害了营销人员的声誉。最重要的是，浪费了听众的时间，有些情况下，甚至影响了听众的心理健康！

现在，好消息来了

如果对同一个提案使用混合式演讲方法的话，我们可以大幅削减公司幻灯片的张数，用更视觉化的方式来呈现关键信息，不管是通过白板还是白纸，还是让销售人员自愿做最合适的行为：沟通和出售。

混合式演讲有这种能力，演讲实验室会在下一部分展示我们的实验。

销售人员检查表

- ☑ 做调查
- ☑ 反应要快
- ☑ 确保良好的第一印象
- ☑ 建立和谐关系
- ☑ 自信地回答询问
- ☑ 让客户有签约的意向
- ☑ 制作演讲
- ☑ 破坏气氛
- ☑ 严格按照文本
- ☑ 让客户从签合同的边缘清醒过来
- ☑ 用幻灯片来糊弄听众
- ☑ 失去客户
- ☑ 有礼貌地离开
- ☑ 重复

把理论付诸实践

F

Element A B C D E **F** G H

THE PRESENTATION LAB

把理论付诸实践

F1

Element　A B C D E **F** G H

演讲优化方法的发展经过了很多年。从这么多年使用这一方法制作的上千个演讲来看，这个方法的确是有效的。

然而，无论我们如何认真地准备本书的各个部分，作为听众的你只有在现实生活中看到它的效果时，这一方法的影响力才真正显露出来。所以，在你见证这一方法在现实生活中的作用之前，可以在本部分提供的详细实例中看到它是如何工作的。

接下来的每一个案例都是我的团队所经历过的真实项目。之所以选择这些案例，不仅因为它们代表了全球商业人士使用的演讲模式，也因为它们展示了一些商业人士不时要面对的更有挑战性的场合。不管是“不惜一切代价赢取胜利”的演讲，还是在公司内部分享一个坏消息，演讲本身是有巨大的压力和风险的。出于这个原因，这些案例中的人都是匿名的。我们向大家分享的真实案例和真实的问题越多，对你的企业的下一个项目的帮助就越大。

这些案例会向大家展示演讲优化方法提供了一个可靠的结构。你可以利用这一结构来为你的信息以及你的内容选择图像和使用的工具。没有哪个演讲是一成不变的，但每个演讲项目都会有使用双重保障方法而产生的可靠和自信。

站在听众面前，如果你知道你有一个强有力的、有逻辑性的故事来分享，会让你感到自信和安全。

记住这一点，让我们暂时忘掉演讲，而是分享一些真实的案例吧。

案例 1　投标演讲

投标类的演讲往往风险很大，同时也充满激情。它们通常代表着在采购团队可以签订合同之前，你和你的团队要越过的最后障碍。在这之前，你也许像奴隶一样地工作了好几个小时，只为准备对方的邀请，然后在等待期间在房间中来回踱步，不停摆弄双手，房间中弥漫着一种非常紧张的气氛。

但好消息是，被邀请呈上你的投标书意味着你还有机会，而坏消息是，是否能够为你的团队带来财富取决于你的投标团队在听众面前表现如何。

我们的客户：中型制造企业

演讲人：CEO

听众：品类经理和大型零售商的采购团队

背景：该公司正在面临迄今为止最大的挑战，因此他们的 CEO 找到了我们。在为一家大型零售商提供了多年不同种类的产品之后，该公司被告知该零售商正在进行一场采购改革，要把供应商从原先的 50 家减少到 3 家主要供应商。

我们的客户的第一反应是恐惧和失望。恐惧是因为失去了合同可能意味着公司将出现大量多余岗位（他的大致估算是员工中 80% 的长期员工），失望是因为他和该公司这么多年建立的关系就这样一文不值了。

在经历了一段盲目的恐慌之后，我的客户开始核对大量信息，来展示他们的产品、技能和经验对零售商来说有多么有价值。然后，CEO 找到了我们，希望我们帮助他们准备演讲的幻灯片。

针对当前情形，我们进行了一次全面、脚踏实地的讨论之后，我们建议使用演讲优化方法来重新制作幻灯片，从而把中心放在信息上，并使其适合这些重要的听众。

阶段 1　分析听众

听众由不同部门的人员组成，包含没有任何私人关系的采购团队，也有和客户已经建立了长期信任关系的品类经理。尽管他们有不同的背景，和我们的客户有不同的交往经历，但很快我们就发现他们有一个共同的目标：通过提高价格点，在不损害他们高质量产品声誉的情况下，给予他们的客户最高的价值。

听众热图展示了听众中大多数属于事实型，但并不是全部听众。我们必须确保所有人都能清楚地理解关于节省成本的关键信息。然而，我们也需要考虑视觉型听众的需求。在讨论阶段，我们达成共识：如果制作一个简洁、节省费用的演讲，也许就会疏远了这部分听众，而他们想了解到的是合约上经济效益之外的东西。

重要的是，CEO 感觉到了如果要建立一个长远的合作关系，就必须反映出他们的诚意和创新。如果一切只是谈论价钱的话，这可能不是他们想要的合作。

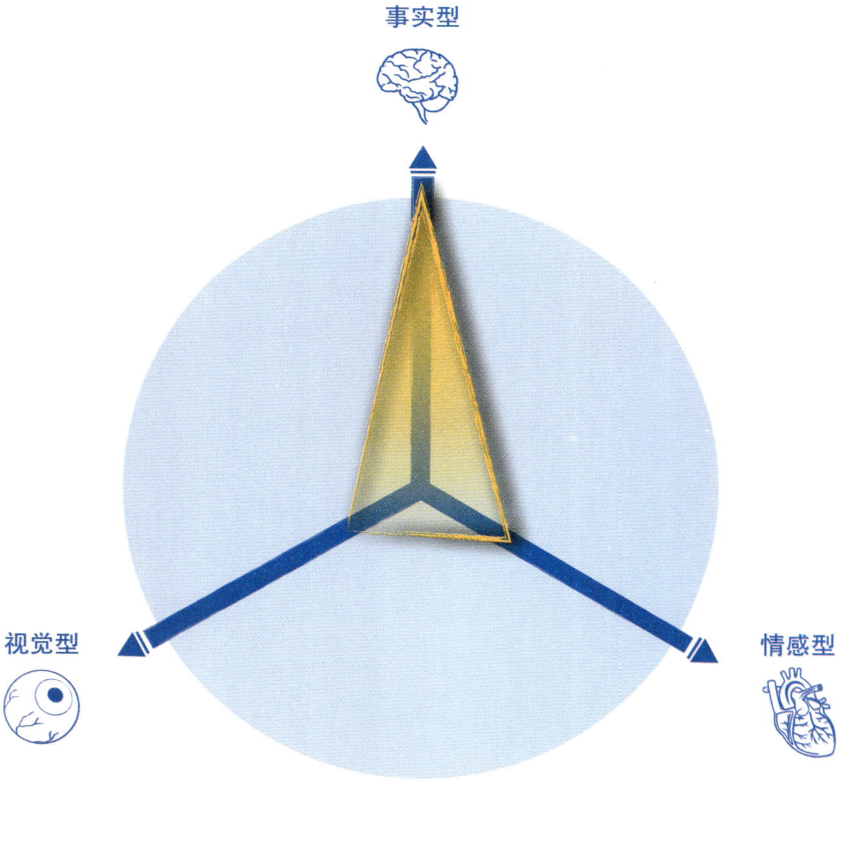

阶段 2　决定信息

毫无疑问，这是整个演讲优化方法最重要的阶段。我们不缺信息，我们的客户做了超过 300 页的笔记来记录想法和一些参考文件。这些材料虽然充满了激情，却缺乏重点，缺乏一个让听众一听就懂的简单明了的信息。

之后，我们进行了一个高强度的讨论会，旨在过滤这些大量的信息，把它们进行分类，然后提出了以下的问题：

- 如果我们的客户有一个研发小组来研究新产品会怎样？——这对我们的听众来说有什么价值？
- 如果他们的部门有了最佳客户满意度的体验会怎样？——这对我们的听众来说有什么价值？
- 如果他们因为管理可持续产品而获得过奖项会怎样？——这对我们的听众来说有什么价值？

（你看出其中的规律了吗？）

通过挑战我们客户大胆要求背后的价值，我们设计了出了一个更好的方案，告诉他们如何处理客户关心的主要问题：价值和质量。

一旦这些准备就绪，我们就可以把它们分类，并放进一个简单的“需求创建”结构中，然后使用我们的故事流方法来完成。

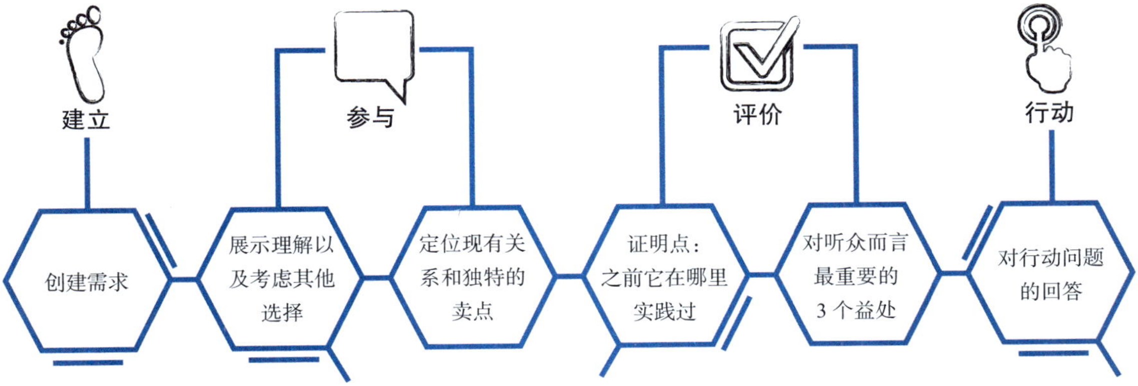

阶段 3　核对内容

一旦结构确定了，就可以开始过滤内容来找出关键点并将之添加到演讲中。在想出一些大标题之后，我们创建清晰的内容，来展示和支持强大的信息。

在这一步，我们决定使用一个双管齐下的方法来处理演讲材料。我们可以创建一个以图像为主的演讲来呈现整个策划，这样做的目的是同时对听众中视觉型的人群也能起到作用。我们还可以用一个以文字为主的纸质文件来作为补充。我们会在演讲的过程中的某些关键点，使用到文件中的内容，从而展示客户的价格阐述或成本节约。

这让我们能够确保所有有价值的内容都能在需要的时候十分容易地让听众获取。

阶段 4　有价值的图像

尽管我们一开始很怕 CEO 会把 PowerPoint 当成提词机，但最终 CEO 非常高兴使用了我们制作的以图像为主的幻灯片。这种自信来源于他对演讲主题的熟悉，也来自于一个很有逻辑性的演讲结构，而演讲工具既涵盖了“大趋势”也涵盖了投标中的细节。

这种方法使我们能够发挥演讲中图片的潜在视觉信息。我们抓住了零售商的品牌定位这一点而不是仅仅在场景中展示产品。图像起了很大的作用，使演讲不仅仅是关于不同产品的单位成本展示，而更像一个讨论，讨论双方该如何合作从而进一步加强零售商在市场中的定位。

阶段 5 演讲

我们在正式演讲之前和 CEO 进行了几天的演练。演练内容包括确保他在演讲时有足够的信心，了解演讲的节奏，理解如何使用混合式的演讲方法，以便最佳地使用 PowerPoint 和纸质材料。

结果

整个演讲如同梦幻一般。我们的策略是最大程度地让听众中不同类型的人群参与到演讲中来，并很快采取了互动式交流模式。这让各方都能够审视自己是否理解了对方，是否真正了解我们客户的提案。

最终我们的客户不仅保住了当前的业务，并且把业务延伸到了其他领域，更保住了制造厂中 100 多个工作岗位，开启了企业的新篇章。

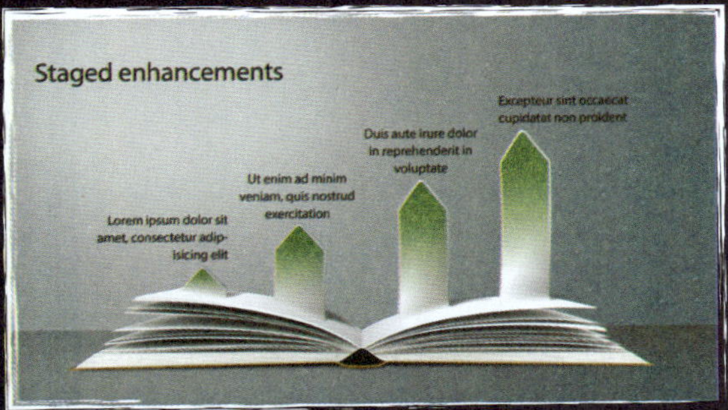

案例 2 会议演讲

会议演讲往往让演讲人陷入进退两难的境地。当然，他们也会让你的整个演讲受到一些因素的制约，超出你的控制范围。如果没有适当的准备的话，很多因素（如技术、之前的演讲人等）都会直接影响你演讲的有效性。

会议演讲不可避免地会引发一连串的焦虑。我会不会演讲到一半忘记了演讲内容？如果我的演讲不够有意思的话，听众会不会直接不买账？一开始是不是应该先讲个笑话？如果我走上台的时候摔倒了该怎么办？演讲综合征这个单子可以是无限长，但毫无疑问，焦虑的最大来源是缺乏经过深思熟虑的计划和内容。

好消息是这些都很容易解决。

我们的客户：大型商业银行

演讲人：商业战略部高级副总裁

他们的听众：全英国最大会计师机构的会议代表

背景：银行的这位高管有些紧张，他被要求在一个为英全国最有声望的机构举办的大型会议上做最后的总结性发言。听众中个个都是有影响力的人物，而这位刚刚提拔上任的高级副总裁属于容易紧张的类型。在这之前，演讲人刚刚在一群银行界的同行面前进行了一场失败的演讲。所以，不用说，压力可想而知。

我们的客户之前的会议演讲都是由他的公共关系代理来准备的。考虑到当前英国遭受到的全球性银行危机，这次会议的主题被定为“银行业在挽救英国经济中所扮演的角色”显得颇有争议，而这一主题让公关代理来准备颇有难度。在绝望之时，我们客户的私人助理联系到了我们，寻求帮助。

在完整地审阅了他们有些牵强但具有潜在煽动性的话题和可利用的内容之后，我们彼此同意需要创建一个强有力的故事结构来审阅一些不可避免的偏见。

阶段 1　分析听众

就银行和商业在全球性危机中背景下之间的微妙关系来看，理解听众类型是至关重要的，只有这样才能确保我们的客户能够传递出信息，而听众才会真正听进去。听众全是商业界的专业人士，他们的客户、朋友、家人都或多或少受到经济危机的冲击，所以从某种程度来说，他们在找一个发泄情绪的对象。因此，听众热图如下图所示：

最终，了解事实型的听众如何能够受到情感上的影响，并发展出一个与之呼应的演讲信息是至关重要的。对我们客户来说，考虑视觉型听众的需求，并引导他们关注细节也是同样重要的。

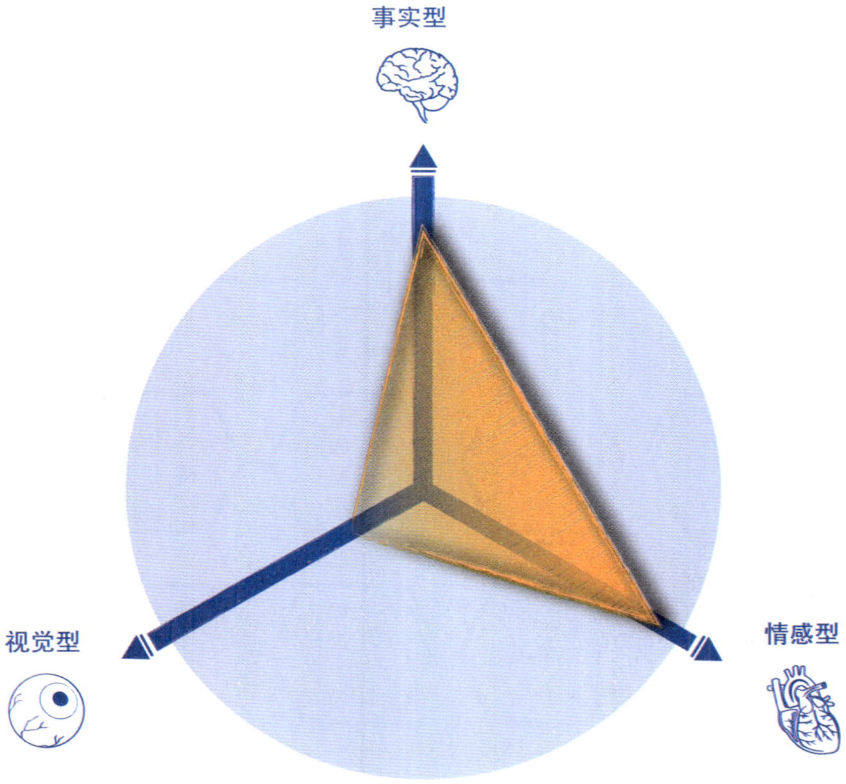

阶段 2　确定信息

和那些高层管理者一样，我们的客户的时间非常难约。因此，我们通常为此类项目准备的工作室就根本不可能实现。我们需要远程发展这些信息，并定期通过在线会议和客户一起修改。

我们一开始先审阅了客户和公关提供的大量数据。随着慢慢将信息分出类别，我们开始使用这些信息来准备一个高端的故事和结构，供客户审阅。

在整个过程中，有一个强有力的信息涌现出来。将故事流形式作为每次讨论的基础，各方都能很快地和这些关键信息形成联系。之后他们可以提供想法和其他支持的数据，从而和不同的听众类型分享这些信息。

根据传统的会议研究方法，故事结构会随着时间的流逝慢慢形成：

- 告诉他们你要讲什么；
- 告诉他们；
- 告诉他们你讲了什么。

使用“详细信息标题”可以获得一个更有控制力、结构更明确的方法。我们都认为这种方法能够让演讲人直面听众的根本问题。

找到了关键信息和故事结构，现在可以进入到“内容”阶段。

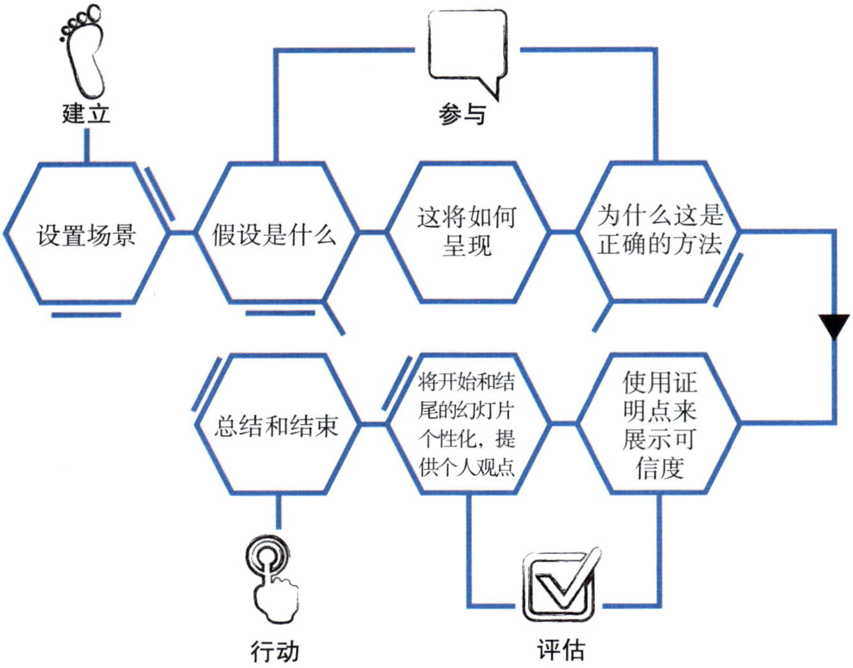

阶段 3　校对内容

由于缺乏听众来开展一个传统的演讲优化研讨会，我们只好从内容的细节入手来准备信息的发展。因此，在决定哪些内容中的元素需要保留，哪些需要删除的时候，我们的方法提前了一步。

之前，像“银行”和“会议”这种词会让人们立即联想到充斥着大量图表和数据的幻灯片。这种分析型的方法通常被视为建立信任的快速方式，尽管它通常会在听众和演讲人之间设立一道障碍。这个项目传递的强大信息，既结合了不寻常的听众类型，又让我们跳出了仅仅使用一堆数据的思维模式。每一个人都意识到了急需一些内容来应对房间里的情感型听众。因此我们把数据和一些有趣的故事结合在了一起，来支持关键信息。

阶段 4　有价值的视觉图像

不同的方法提供了各种各样的演讲视觉图像元素的选择。我们发现，听众们在一天中的大多数时间里都被大量的图表狂轰滥炸，因此听众注意力的持续时间十分不尽如人意。

考虑到这一点，我们决定在关键阶段使用动画。这些微妙的图像让图表更加生动，并符合关键信息。而更有创造性的动画能够告诉听众，演讲从一个部分过渡到了下一个部分。动画并不应该分散听众的注意力，我们发现使用动画会让整体淹没在枯燥的幻灯片的听众们暂时轻松一下。

最重要的是，通过把一些奇闻逸事和基于故事的演讲结构结合在一起，我们能够使用那些具有潜台词的图像。关于银行危机的、有冲击力的图像能够对听众产生重要的影响。

银行承认金融危机有深远的影响，这一信息是至关重要的。更重要的是，它还提供了一个能够传达演讲关键信息的舞台：银行业需要在重建经济的过程中扮演关键角色。

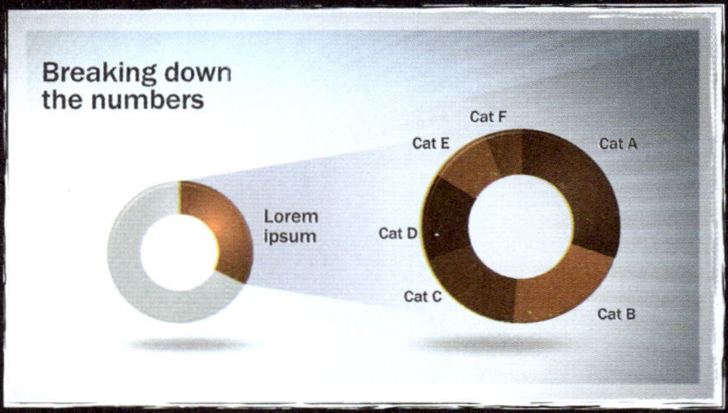

阶段 5　演讲

大型会议的本质意味着大多数的演讲人选择使用 PowerPoint 或 Keynote 这样的幻灯片软件，而我们的客户也是如此。尽管他们承认使用其他工具（如 Prezi 或大型白板）能够提高听众的参与度，但是他们还是保守地选择一个“不会太过出彩”的演讲方式。

这样做的风险是很高的。就客户在之前的会议上经历过的困难来看，他们只想安全地做完整个演讲，而这是可以理解的。的确，这是他们本次活动最大的担忧，以至于他们要求我们逐字逐句地写出演讲的所有内容，在演讲的时候显示在自动提词机上。

结果

演讲得到了听众、媒体的一致的好评，而且媒体发现，在传递的信息中透明度上升了一个层次。这也提升了我们客户银行中的地位，并且让其他人看到了，从一张白纸发展成一个有结构、思考全面的的演讲（而不仅仅是总结大量数据的演讲）的好处。

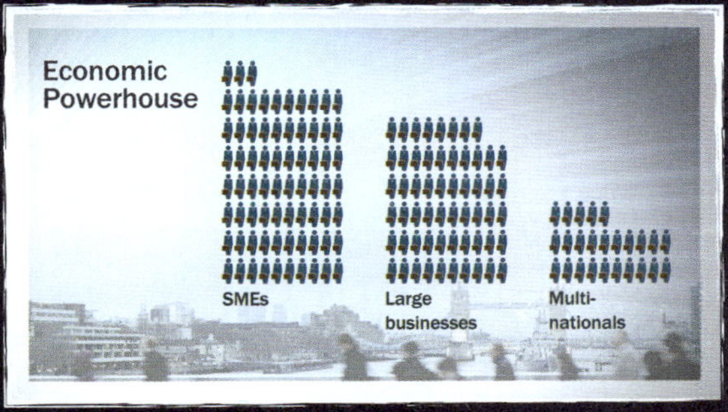

案例 3　销售演讲

销售演讲有各种各样的形式和规模，从无处不在的 PowerPoint 到平板电脑和其他各种视觉工具应有尽有。无论什么形式，无论什么产品或服务，他们都是为了帮助销售而设计的。有一个现象不可否认：它们无处不在！

在所有的演讲形式中，销售演讲可能是行业中争论最多的一个。销售人员把演讲看作他们的工具，营销人员把它看作是一件附属品，产品团队的成员迫不及待地要确保演讲中包含最新的内容。除此之外，还有来自法律团队和 CEO 的影响，你可以想象有多么混乱了。这也是为什么大多数的销售演讲没能达到演讲目的的主要原因之一。他们不但没有提供一个清晰、结构明确的论据，即为什么要购买他们的产品、想法；相反他们自吹自擂，讲述大量重复的事实、数字和产品功能，让听众听得一头雾水。

最终，销售演讲需要由听众的需求来引领，而不是由油嘴滑舌的内部销售团队来引领。一个关注未来的销售演讲若能很好地使用，那么该演讲将会变成超级有力的工具。如果你能正确使用演讲，你的演讲会变得非常简单易懂、引人入胜，同时有很强的呼吁行动的能力。换句话来说，简直是为销售人员量身制作的。

我们的客户：跨国融资提供者

演讲人：全球销售团队

他们的听众：国际知名品牌的品牌经理和产品品类经理

背景：我们与客户有长期的合作，并且在各种类型的会议和内部演讲中合作过。我们的关系非常好，全球总部逐步邀请我们参与更多高规格的项目，我们为该企业累计制作的销售幻灯片已经积攒了很多。

销售部门向我们说出了他们的担忧：当前的幻灯片在大多数的会议中不但没有任何帮助，反而有阻碍作用。这些幻灯片都是由营销团队独立制作的，因此销售人员要么自己重新制作幻灯片，要么在此基础上勉强加工一下使用。显然，长期这样下去是不行的，改变迫在眉睫。

在快速地审阅了他们现有的幻灯片之后，我们找到了问题的所在。幻灯片里充满了大量数据、数字以及法律上的警告，而这些对与潜在客户建立良好关系不能有多少帮助。这些十分概括的幻灯片往往让听众觉得自己是工厂流水线生产出的罐头产品的终端顾客，而这种情况对那些价值较小、每笔在 250 万 ~500 万的生意来说再糟糕不过了。因此这很快成为了一个严重的问题。

显然，客户需要做的第一件事就是把所有的内部客户、股东召集起来，向他们演讲优化过程，告诉他们如何传递清晰且有价值的信息，之后在此基础上创建相关内容。

阶段 1 分析听众

我的客户非常幸运，能够和一些知名品牌的营销团队和财务团队合作。毫无疑问，听众中的营销人员在该行业中是思想领导者，从管理品牌和发展客户方面来说都是如此。他们中一些人给人留下的第一印象可能是冷淡，而另一些人给人的感觉则是十分自信，深知自己擅长的工作。然而，他们也在寻找新的想法和灵感。因此，视觉型听众占的比例很高。

然而，这些视觉型听众在一定程度上也被企业中的财务团队的大量事实型听众所平衡了。虽然说他们也在寻找机会扩展品牌的理念，但他们潜在的理念仍然很看重我们的客户在他们决定预算之前是否能够展示出项目的投资回报率。

典型听众内在的两种显著元素引导我们画出了如下的听众热图：

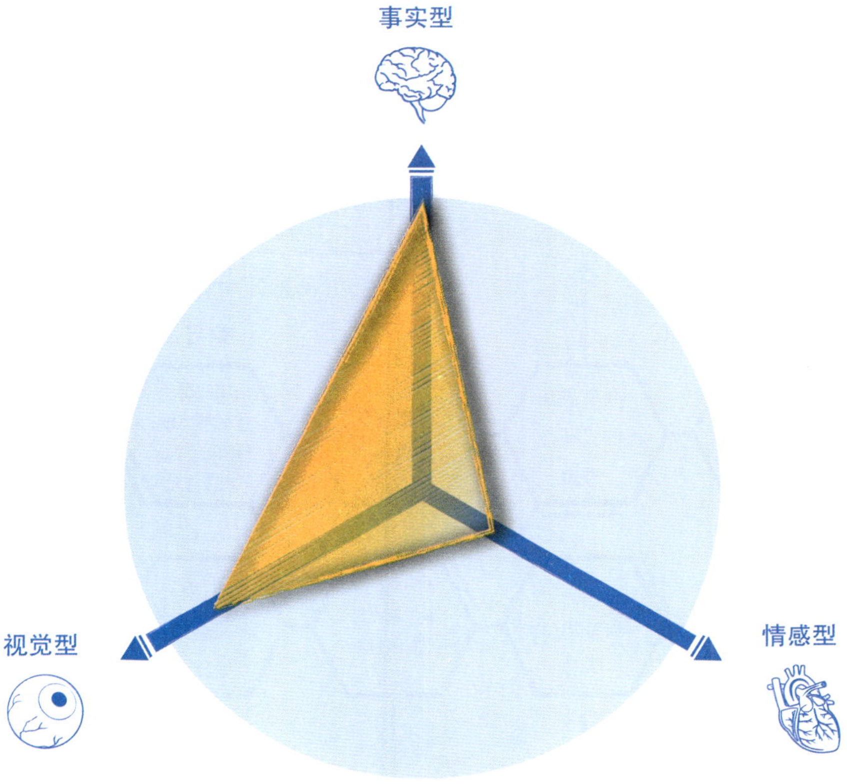

阶段 2　确定信息

确定演讲信息是一个相对简单、直接的过程。正如大多数情况一样，一旦各方开始一起讨论他们对客户问题的理解，他们就会以不可思议的速度达成一致。

为使该过程进行得更加顺利，顾问决定不去寻找一个"杀手锏信息"，而是围绕能够引起不同听众类型共鸣的三个关键元素去展开演讲。这也让工作小组的成员领会到了使用不同信息的好处，而不是一味地维护自己的立场。

最大的挑战可能就是关于演讲结构的讨论了。我们希望使用除 PowerPoint 以外的形式，如纸版资料和 iPad 的版本。总而言之，我们改变了幻灯片的使用功能。

我们放弃使用线型的演讲形式，而是改用了互动式的方法。因此，我们迫使演讲人让听众以一种更加亲密、更加轻松的方式参与进来。新的演讲结构让客户更好地利用信息和案例，使之符合听众的兴趣，而不仅仅是一张张地讲述幻灯片上的内容。这不仅打破了演讲人和听众之间的障碍，也让演讲人能够使用一种更加自然但强势的方式回应听众的问题。

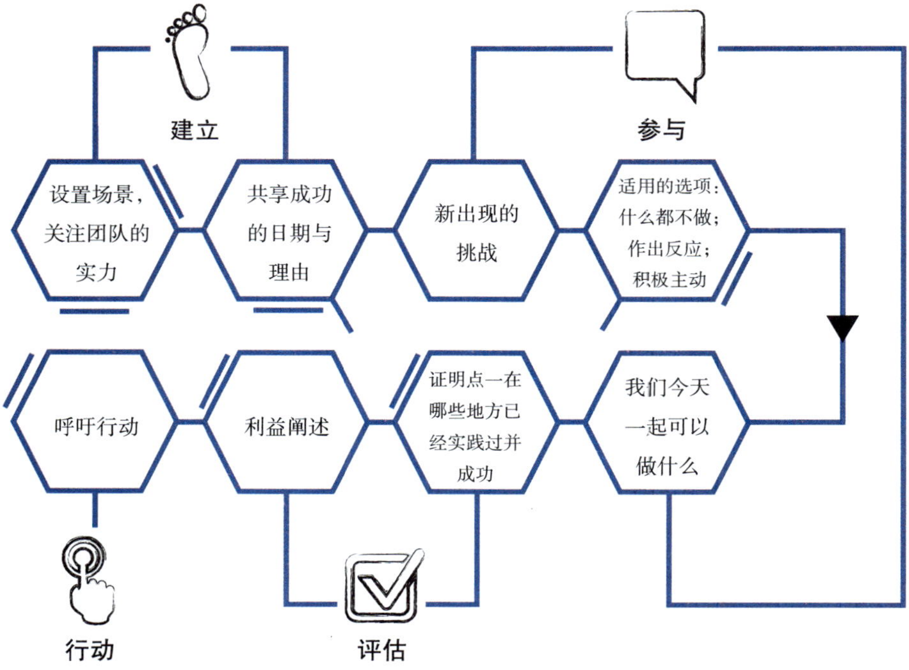

阶段 3　核对内容

我们要核对大量的内容。在进行了一些有关如何发展信息和高水平的演讲结构的讨论之后，我们的顾问最终决定对 PowerPoint 进行大赦。想法很简单，在全球团队使用的幻灯片当中，必然会有一些闪光的部分，而这些部分可以很好地支持三个关键信息。

最重要的是，新的形式和故事结构让我们挑战现状。我们去除了很多文字信息量过大的幻灯片，加强了内容的细节，作为辅助的纸版材料。除此之外，新的互动式演讲方式让我们能够把关于公司资质的部分移到演讲的最后。因此，听众先听到的是直接关于他们感兴趣的问题的内容，而不是一大串关于我们的客户取得了多少成就的幻灯片。

阶段 4　有价值的视觉图像

我们的项目进行得快速、有序，很多人都把它当作是摒弃子弹头列表，选择更加可视化图像的机会。因此，我们很小心，不要让那些使用该工具的大量听众感到不适，而一些听众觉得出现在旁边的文字非常有帮助。

也是在这一阶段，我们能够找出不同的演讲工具如何以最佳的方式把内容可视化。与 PowerPoint 和 iPad 相比，纸版资料肯定会是更加全面、数据信息更多的演讲形式。

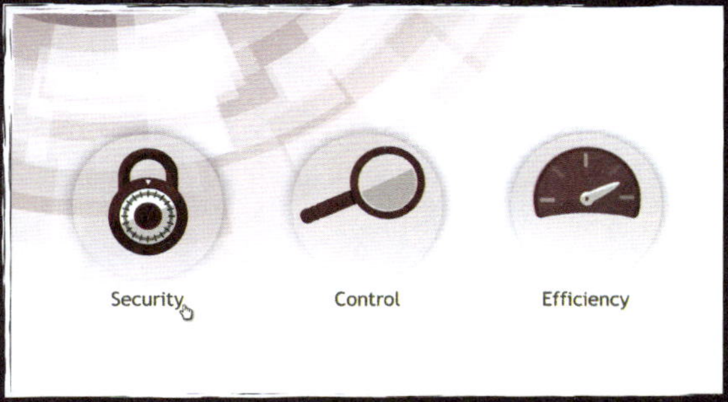

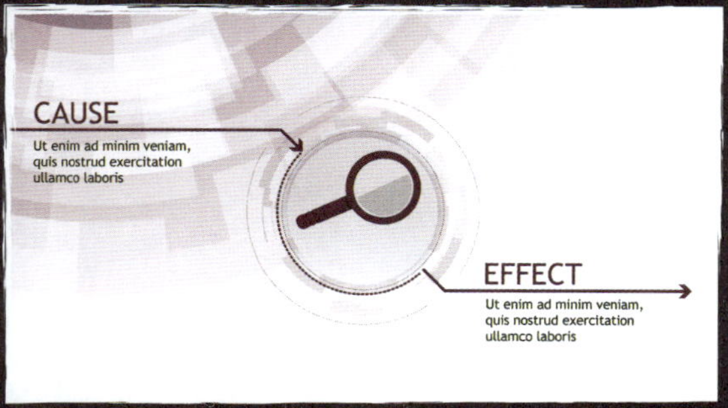

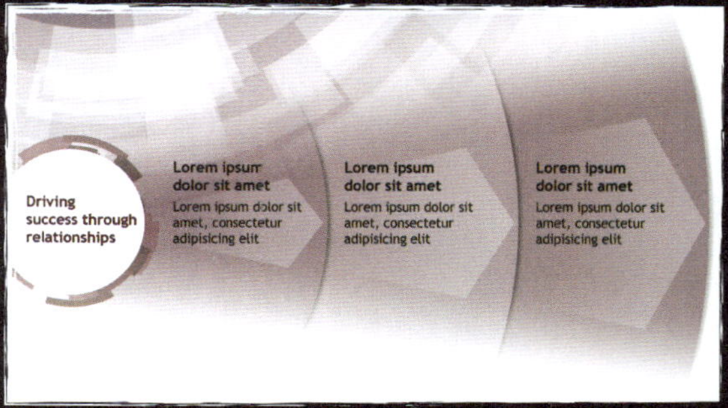

阶段 5 演讲

教授演讲人如何使用这些新的演讲工具，从而达到最佳效果，是整个过程中很重要的一部分。这能确保他们了解新的销售工具，而不仅仅是用质疑的眼光去看待它们。使用新的方法是成功的关键，如果销售团队仍然使用他们老一套的办法，我们很快就会失败。

我们的团队在真正的演讲人面前根据自身需要把每一个幻灯片根据作了改动，而这也是很重要的。这不仅仅是在幻灯片最开始添加公司的 logo，它需要销售团队认真地进行调查，在幻灯片中添加相关的信息，从而展示他们的理解和增效。

结果

不得不说，新的演讲方法和形式确实花了一些时间让销售团队中的几个小组进行磨合。谢天谢地，管理团队的支持和信任起了很大作用，使那些顽固抵抗分子最终接受并理解了新方法的好处。我们在此期间提供了在线支持，在网上进行演讲培训和技术培训。

总的来说，新方法和工具对听众和演讲人都十分有效。听众对演讲的灵活性的评价是“我们感觉好像是在被倾听一样”，演讲人在听众面前充分地使用了演讲方式的灵活性。

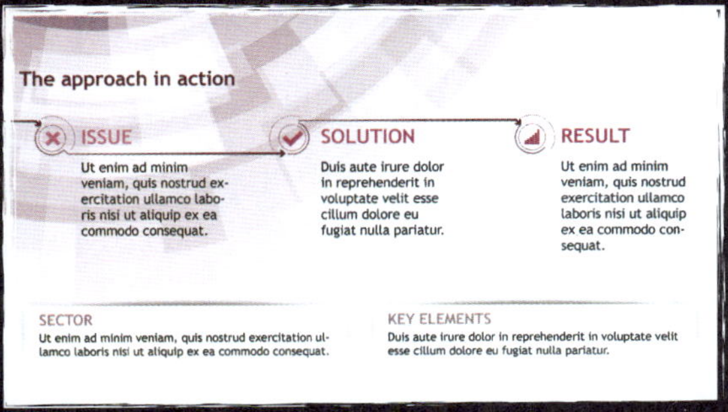

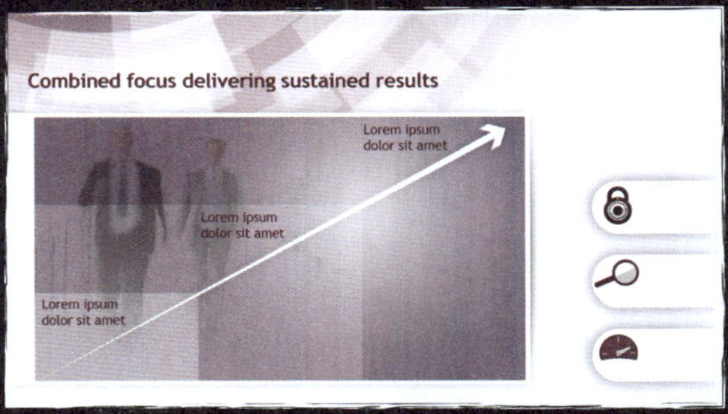

案例 4　内部演讲

想做好一个内部演讲不是一件容易的事。

通常来说，重要的内部演讲会淹没在喧嚣的日常工作中。这通常是由于过多的内部交流（正式和非正式的）所导致的。来自公司无数封的电子邮件，创业内部网络的信息更新，以及内部会议让每日的工作繁忙零乱，而这些信息往往和大多数员工无关，却似铺天盖地的小广告似地袭来。

内部演讲是企业内部交流很好的例子，充满了好与坏的元素。“我们有一些需要和员工分享的重要信息”通常意味着演讲的主题和公司的财务状况、新战略以及并购有关。然而，虽然内部演讲的初衷很好，但大多数内部演讲都缺乏关键元素：即听众参与、清晰且有重点的信息、相关的内容和吸引人的图像。人们普遍认为，因为没有外部的听众来聆听，所以内部演讲做得都比较粗糙。仿佛“内部演讲”这几个字给了演讲人借口，能够把演讲做得不那么精良，事实往往的确如此。

事实上，内部演讲通常是最重要也是最有影响力的演讲。清晰且有意思的内部演讲，能让一个企业起死回生，让员工们以最真实的方式来庆祝成功。若没有在内部演讲中投入足够的时间和精力，就意味着没有对你的企业和员工进行投资。内部演讲真的很重要。

我们的客户：跨国 IT 服务集团

演讲人：董事长

他们的听众：全球各部门的领导

背景：我们在最后时刻接到来自客户的电话，向我们寻求帮助，做一个极其重要的内部演讲。董事长和董事会需要了解一个新的全球化战略背后的理由，而这包含了一些有争议但很重要的改变。这些影响深远的改变会直接影响全球的很多员工。因此，这一战略一直被保密，只有极少数的高层管理者对此知晓。

而这一负责传递信息的内部团队一直设法以一种最佳的方式在企业中传递信息。他们想了几个方法，包括在全公司进行一次视频会议或传阅一份内容详细的文件。他们最终决定对高层董事会成员就即将发生的改革做一次演讲。之后，高层管理团队将使用同样的幻灯片，通过一系列面对面的会议把信息传递给他们部门的员工。

就在这时，我们接到了电话。

阶段 1　分析听众

和一般关于大变动的内部演讲一样，一旦危及到了员工自身的职位，听众们的性质就会发生巨大改变。和大型企业一样，该公司的员工中事实型、情感型和视觉型的听众兼而有之。这种混合的听众模式可以灵活地和任何演讲类型搭配，从一个营销演讲到公司的最新情况都可以。

可以想象，公司的大规模战略改变将让很多听众变得十分情绪化，所以我们除了要考虑听众即时的情感反应，也要考虑随后会出现的听众提问。演讲成功的一个关键衡量因素就是听众是否理解了信息，并参与到了所有分享的信息中。

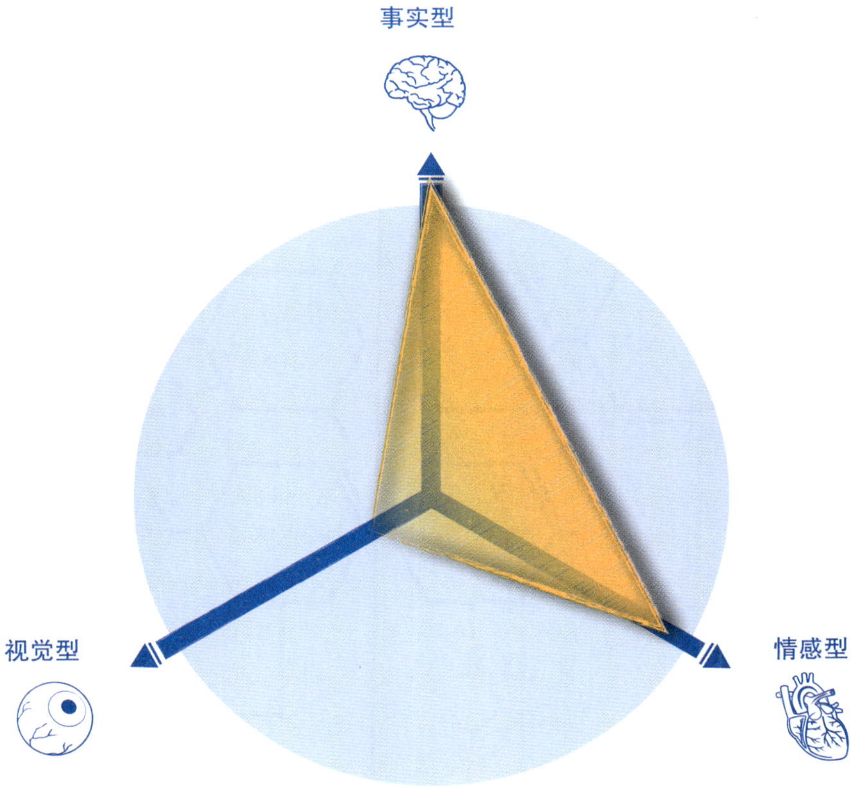

阶段 2 决定信息

此次演讲要传递的信息远不止要裁员那么简单。战略改变指的是保护现有业务，保持竞争优势，解决新的危机。然而，演讲之后必不可少地会涉及员工们的职位安全。我们意识到必须十分谨慎地设计故事结构，从而确保所有的信息都被涉及，被听众了解。

在和董事长及其团队进行沟通之后，我们建议演讲尽可能地短，但重点要突出。给听众灌输太多的信息没有一点好处。故事的结构需要给演讲人提供机会，从而能够快速地阐述所需的改变，并向听众解释这对他们来说意味着什么。我们十分确定，这将会是该公司有史以来最关注听众的一次内部演讲。

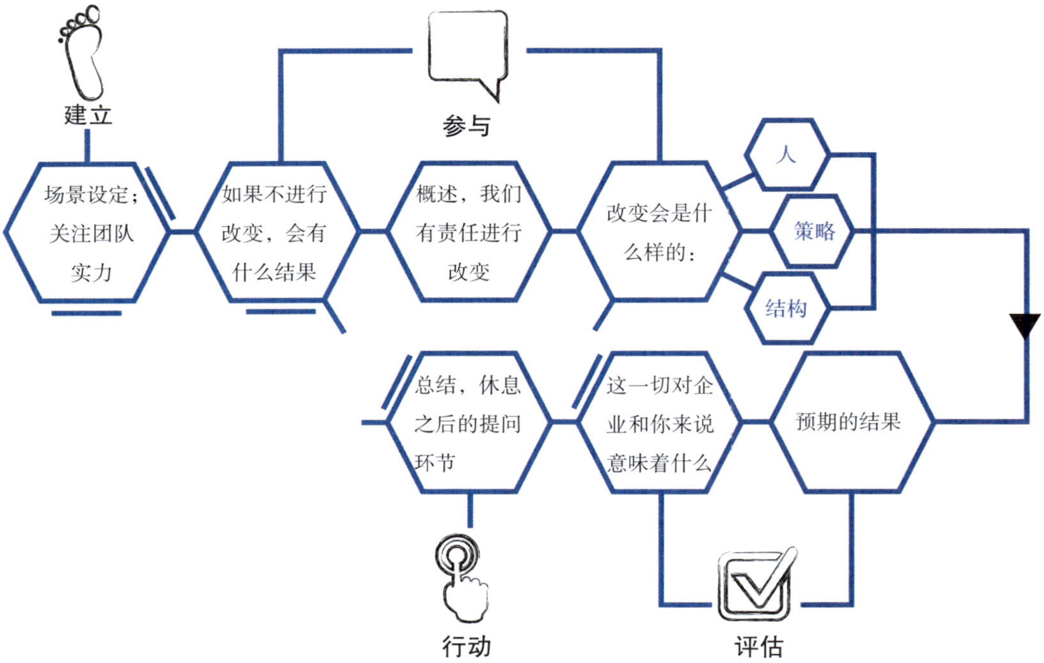

阶段 3　校对信息

这种规模的变革必然是建立在大量的数据分析之上的，无论这将对那些失去工作的人有多么大的打击，公司必须采取新的战略来应对市场中即将到来的新挑战。我们的客户有足够的内容来证明这一点。

然而，我们认为尽管有这些事实论据作为理由，在听众不可避免的强烈反应面前，这些证据将显得十分苍白。在最好的情况下，听众也许会忽略这一点，但也可能会错误地理解这一点。

我们因此推荐混合式的演讲方式来与听众进行交流。首先，和听众面对面分享执行总监对新战略的概述（包括有争议的元素），同时用一份详细的纸版资料作为补充，演讲人会在演讲中时不时地引用里面的内容，强调听众在演讲之后应该仔细阅读的部分。之后会有提问环节，同时介绍各个部门人力资源的功能。

阶段 4　有价值的视觉图像

鉴于要分发给听众大量的资料以及一份文字很多的纸版材料，我们决定把演讲设计得尽可能地可视化。使用简单的图像来展示改变以及所带来的影响，是为了让听众参与到信息当中，尽管他们有可能被别的东西吸引。

有趣的是，我们注意到，对大量情感型听众意味着使用有力的视觉潜台词并没有那么重要，演讲的主题已经确保了他们的情感参与度。

在纸版资料中使用图像也没有很大必要。纸版资料的目的是分享细节，来支持主要故事，因此应该被设计得尽可能地简单。

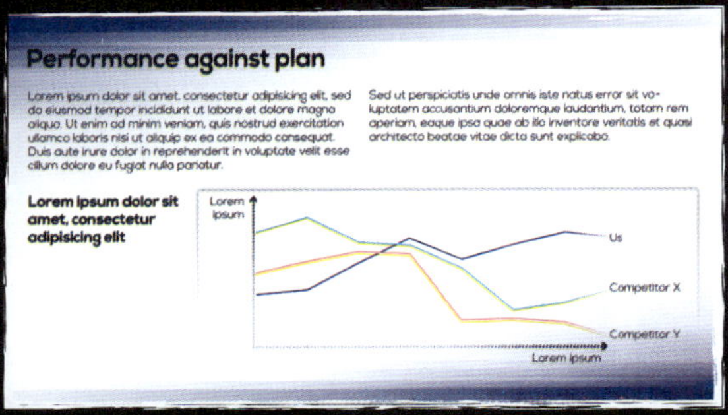

阶段 5　演讲

这个演讲将在整个公司内部传递，从董事长到他的直属汇报人员和部门领导。演讲的敏感话题本身比较敏感，再加上演讲人涉及到不同的人，我们觉得有必要在三个不同的地点做一系列的培训。

毫无疑问，使用混合式演讲方法且感情充沛地传递信息是一门艺术。因此，我们花了大量时间确保各方能够很舒服地进行演讲，并且在宣布任何事宜之前大家都做好了充足的准备。

结果

尽管演讲的话题很难，但演讲涉及的各方一致认为整个演讲和交流过程是很成功的。信息的清晰传达确保了所有人都能了解改变将如何影响他们，以及下一步要采取什么行动。这确保了不会有任何虚假的信息在公司外部传播。

最后的结果是，该公司仍是所在行业的领军企业，并且在艰难的经济环境下成功地保持住了其行业的地位。

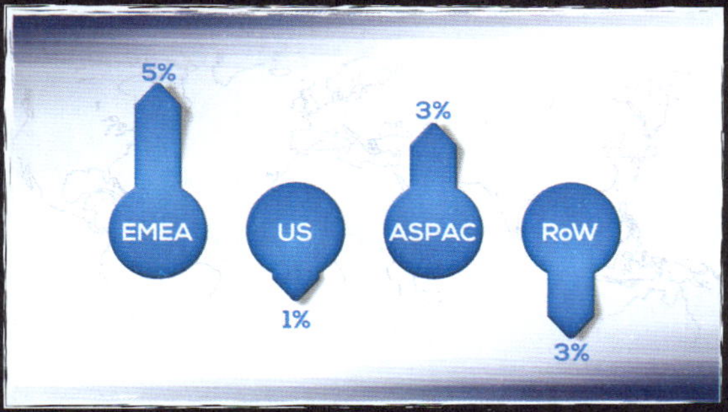

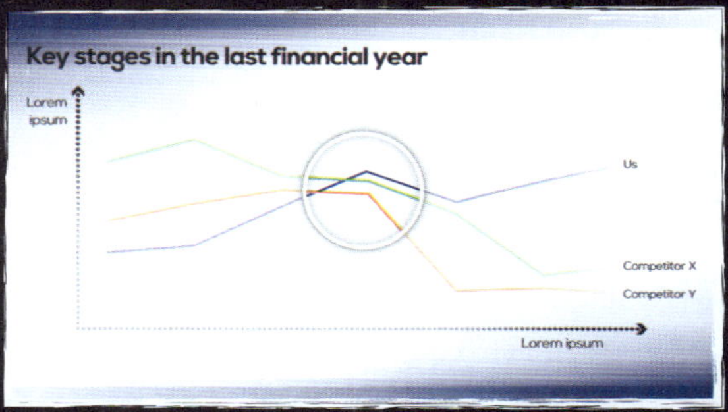

THE PRESENTATION LAB

紧急情况下处理最后时刻演讲的策略

G

Element A B C D E F **G** H

THE PRESENTATION LAB

紧急情况下处理最后时刻演讲的策略

G1

Element A B C D E F **G** H

和生活中的其他事情一样，有时演讲计划和你的本意会有些不一样。有些在你掌控之外的事情会绑架你良好的初衷。

有可能是演讲前一位同事突然生病，你被突然要求救场进行演讲；也可能是你的上司在最后时刻告知你，他希望你在两天之后的董事会上向大家阐述你对某一话题的想法；当然，也有可能是你在要进行一个十分重要的演讲之前看到了这本书，突然意识到你准备的演讲不够好（如果是这种情况的话，我向你道歉，但这对你是有好处的）。

无论是什么原因让你一脸焦虑地在办公室跑来跑去，嘴里嘟囔着“听众热图”或“可视化信息”，请不要着急，以下为你提供了一些策略，供你应对一些紧急情况。

注意：每一个策略都假设你使用图像、PowerPoint 或 Prezi 之类的工具来演讲，**你的听众应该决定你使用何种方式**（笔记本电脑、平板电脑还是纸版资料）来分享这些图像。

只剩 4 小时

让我们来面对这一场景：在只剩 4 小时的情况下，你可能修改不了一个很差的演讲。事实上，没有比在此时大规模更改已有的演讲更糟的了。你必须接受事实：除了最大可能地利用已有内容，别无他法。

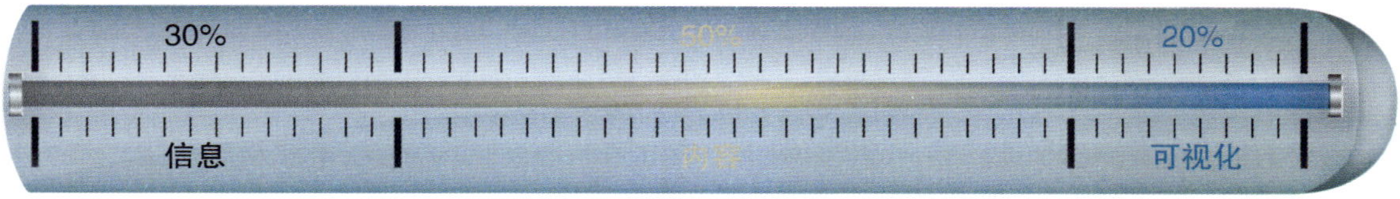

重新看一遍你的演讲，找出一个你需要和听众分享的关键信息。把它记录下来，并在你审阅剩下的幻灯片和图像时不断重复该信息。

一张一张幻灯片 / 图像地浏览，删掉不必要的单词（提示：让每句话以动词开始）。

对每张幻灯片进行审查，确保每张幻灯片都能帮你强调信息。如果不能，就稍作调整或删除。

检查所有的图像，确保你不会因为图片的版权问题引起任何麻烦。

重头到尾再检查一遍所有的幻灯片，确保没有因为复制粘贴而导致任何错误的内容混进来。

然后

在镜子面前尽可能地多练习。时间紧凑，但这至少可以让你熟悉演讲的每一部分。

还剩 24 小时

尽管这可能不会让你觉得自己处于风暴眼中，但 24 小时的时间给了你足够的时间来修改你的演讲，让它变得更吸引人。虽然这不可能让你的演讲彻底优化，但还是可以在很多方面有所提高。关键就是找出什么是首要的。

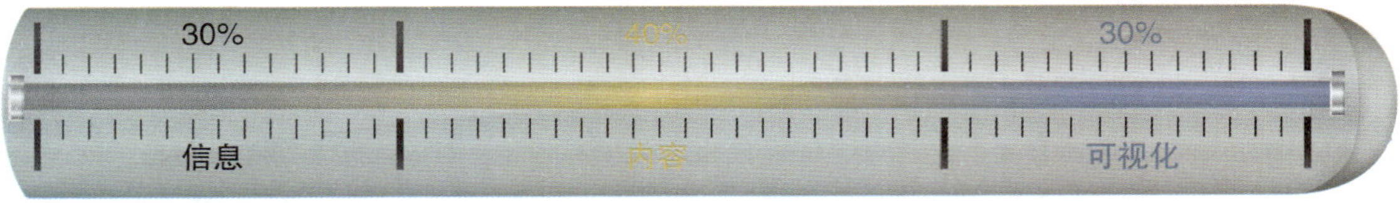

花些时间写下你的演讲目标（必须－打算－喜欢）。它会重新让你专注，并帮助你找到真正吸引听众的内容和图像，并以正确的方式展示它们。

记住“必须－打算－喜欢”和关键信息之后，花 30 分钟时间制作一个高水平的故事结构来帮助你和听众互动。

打印你的幻灯片，把它们一张张摆在地板上。

现在，按照你创建的高水平故事结构来检查你现有内容，从而决定哪些可以保留，哪些需要舍弃。

检查“呼吁行动”是否存在，是否和你的“必须－打算－喜欢”以及关键信息一致。

你是否能很容易地用图像或图表来代替你的内容？

计划时要仔细，时间足够让你使用 PowerPoint 的 SmartArt 功能来把大量的文字转换成图像形式。

然后

找一个同事、朋友或你的配偶，对他们进行演讲。在他们对你的演讲风格进行评估之后，问一个最重要的问题：你们从我的演讲知晓了哪些信息？

- 如果这和你最初的关键信息相同，那么你完成得很好。
- 如果不一样，重新审阅你的内容和可视化（多做努力是值得的）。

还剩一周的时间

你可能会觉得 5 个工作日根本不够准备一个重要的演讲，但事实上，5 天时间足够完成一个很好的演讲。Eyeful 公司经常会在最后时刻接到客户的电话，要求帮助他们完成一个演讲。通常来说，我们按照以下的步骤来做就能很好地完成任务。

一切其实都是关于如何合理地利用时间，取得最大的效果。在最开始的时候分配几个小时的时间来对客户进行背景研究，让你的信息尽可能地有吸引力，这会使你在后面不用再花时间担心一些如模板、字体和动画之类分散注意力的事。

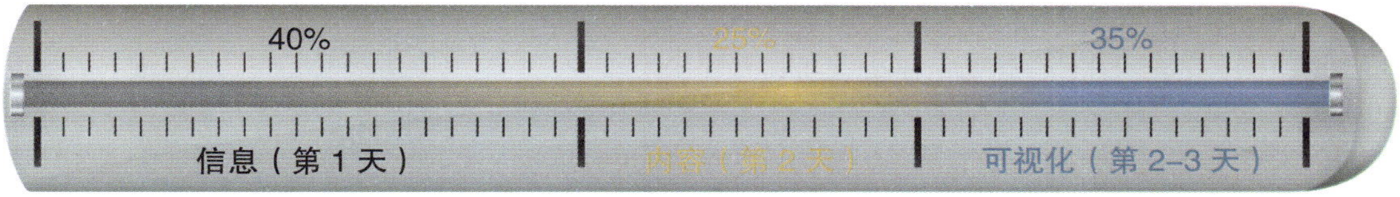

根据你对听众的了解，制作出听众热图，然后考虑如何通过发展故事流文档以最佳的方式分享你的信息。

向你的同事展示听众热图和故事交流文档。让他们挑战你的演讲方式，充当听众中故意唱反调的人。仔细听，并针对其挑战作出相应调整，然后把这一结构保留下来。不要忍不住一直回去审阅，试图修改，进一步的干预不太可能让你制造出更好的结果。

结合你已经验证过的演讲结构和信息，仔细筛选内容，找出哪些元素需要留下，哪些需要删除。

把在纸上画出你的幻灯片的草图，以这种最原始的形式和同事分享信息。哪些部分效果很好？哪些部分效果不好？通过在纸上分享，你能够很快地获得反馈，并很容易地作出改动。

当你对故事的讲述比较顺手且对图片的排版和听众的反馈比较满意时，你可以开始把它们转成 Powerpoint/Keynote/Prezi 格式或是纸质打印版。

第四天

- 用至少半天的时间在一个听众面前（最好是同事，但朋友、家人或宠物也可以）来演练你的演讲。
- 如果可以的话，把你演练的过程录下来之后再回看。在这一阶段，不要再担心你的站姿或是你的声音效果了，关注你演讲的信息是否能清晰地传递，确保在最后呼吁听众作出行动。

这些步骤的顺利进行能够确保你的演讲——更重要的是你的听众——对投入的时间不是白费。演讲前最后一分钟仍处于焦虑之中应该是极其偶然的现象，而不应该成为常态。最吸引人、最强有力的演讲是智慧的、经过深思熟虑的，一个有完整计划的交流片段的集合。

我能给出的最好的建议是：尽最大的努力管理好你的时间，让你的演讲配得上你的听众和演讲的信息。

结 论

H

Element A B C D E F G **H**

结 论

现在你已经了解了一切，学到了很多知识和理论，而这些都是我们在过去 10 年和各类企业合作中发展出的结果。所有的一切归结成了“演讲实验室方法”。我希望本书的想法和例子能够让你重新审视你演讲的方式。

重新审视演讲方式是值得的，因为如果你认真地思考过，小心地处理你的演讲，你的演讲就会有不可思议的力量。在过去很多年里，演讲是很多历史事件的催化剂，促成了很多积极的改变，或分享了许多新的想法。演讲成了改变生活、改变市场的商业决策、呈现新的商业思考模式的发布台。

如果你退一步，回看演讲实验室方法，你会看出这一方法与历史上很多伟大的演说家们采取的方法一致，温斯顿•丘吉尔、玛格丽特•撒切尔、马丁•路德•金以及乔布斯都了解和听众产生联系的力量。他们推崇简洁、清楚的信息，并用故事结构来传递，而这一切远超越了 PowerPoint 幻灯片和 Prezi 动画效果。最终，它们通过那些吸引人、以听众为核心的演讲改变了许多人的人生。

现在该轮到你了……

当然，你的任务可能不会像上面提到的那些人那样高尚、伟大，但我敢打赌也是相当重要的，至少足够重要来通过使用演讲实验室方法确保你更加接近你的听众，确保你的信息和内容十分清楚，并使用了能够激起听众反应的图像。

如果你的任务不属于这种情况……那么别麻烦了，不用演讲了，你会为你和你的听众节省很多时间。

总之，要大胆、要勇敢，意识到演讲人的机会是听众给予你的巨大特权。不要浪费它（哦，记着要享受过程——别人会看得出来的）。

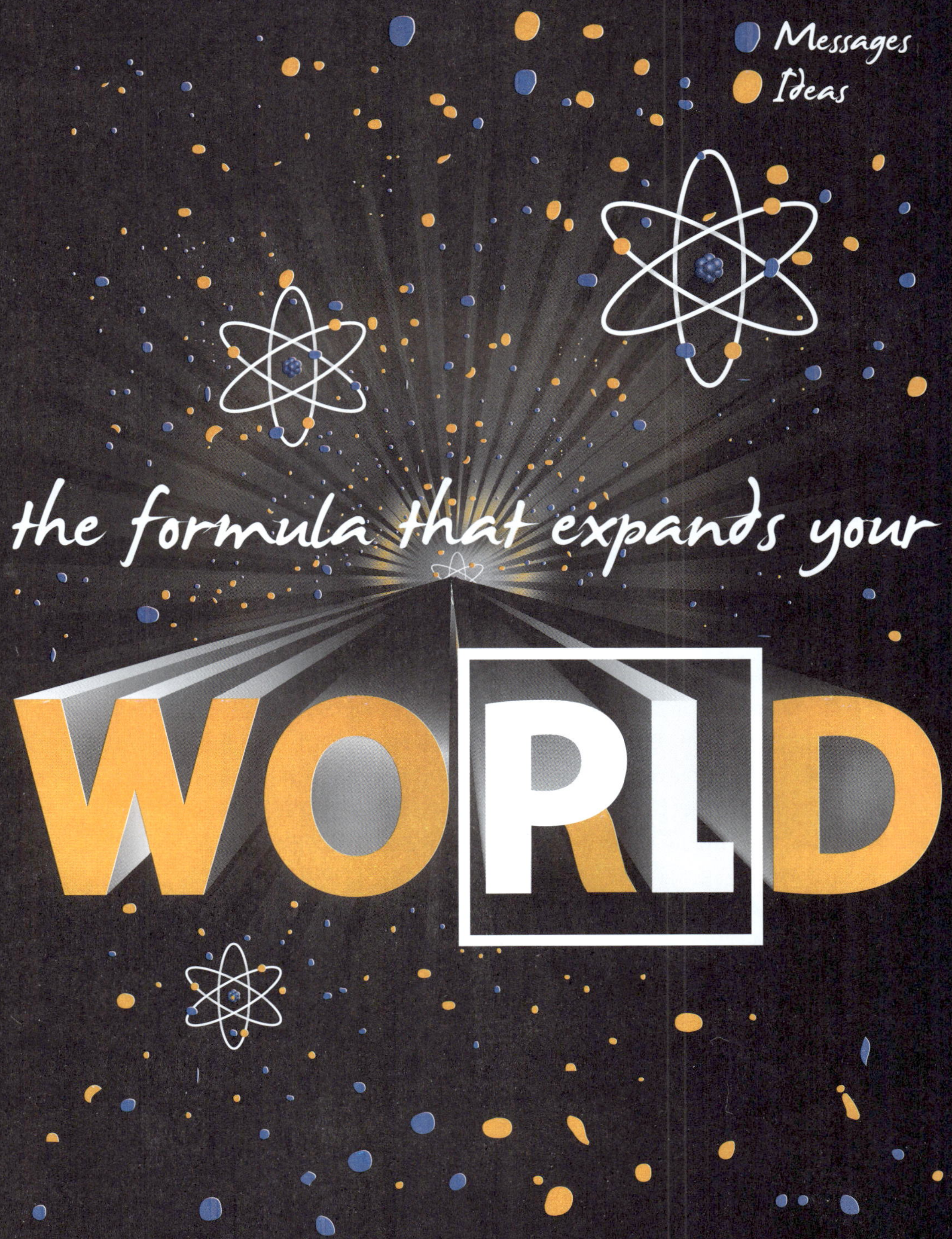
Messages
Ideas
the formula that expands your
WORLD

译者后记

我很荣幸，能够再一次有机会翻译一本和演讲有关的书。我本人在现实生活中也曾遇到过一些需要进行演讲的场合。在阅读完本书之后，有一种相见恨晚的感觉。书中的很多想法非常有创意，让我这不禁想在未来的演讲中亲自实验一把。

正如作者所说，“一个演讲最不重要的一点就是演讲本身。而最重要的一点是演讲对你的听众所产生的效果”的确如此，很多时候人们在准备演讲的时候过多地专注于演讲的内容、演讲的形式和幻灯片的版式等，却忘记了演讲之后对听众产生的效果才是演讲的目的，也是演讲的真正意义所在。如果演讲之后，对听众没有一点影响，那么无论你的演讲准备得多么充分，内容多么丰富，你的演讲也只能算是失败的。

《Eyeful 演讲实验室》是市面上少见的一部介绍如何用简单直接的方法处理各种演讲场合的实用书籍。本书的作者用了大量篇幅来修正人们对演讲不正确的，或者说是过时的看法。当前信息产业的迅速发展使得人们在任何时间任何地点都能够进行“演讲”，大到公司的视频会议演讲，小到机场咖啡厅在纸巾上和人分享想法，都是演讲的不同形式。在这些新诞生的演讲场合中，如果人们再固守正式演讲的方式，其效果一定不尽如人意。本书就是根据各种新兴的演讲场合、针对不同的听众人群，基于 Eyeful 公司多年和各种企业合作的经验撰写出的一部演讲实用手册。我相信不同领域的读者都能从中找到一些新颖的想法和方法，并可以很容易地把它融入到自己工作或生活中需要进行的演讲中。

最后，我想感谢那些在本书的翻译过程中给予过我帮助的人。感谢人民大学出版社商业新知事业部的编辑，感谢李霞、李行、王楠、李歌、王云祥、李古川、李新映和李伟等人在翻译的过程中对我的帮助和指正。没有他们的帮助我不可能完成本书的翻译工作，再次感谢他们。

希望读者们喜欢这本书。

李桐

北京阅想时代文化发展有限责任公司为中国人民大学出版社有限公司下属的商业新知事业部，致力于经管类优秀出版物（外版书为主）的策划及出版，主要涉及经济管理、金融、投资理财、心理学、成功励志、生活等出版领域，下设“阅想•商业”、“阅想•财富”、“阅想•新知”、“阅想•心理”以及“阅想•生活”等多条产品线。致力于为国内商业人士提供涵盖先进、前沿的管理理念和思想的专业类图书和趋势类图书，同时也为满足商业人士的内心诉求，打造一系列提倡心理和生活健康的心理学图书和生活管理类图书。

阅想•商业

阅想·商业

《鲜活的故事：一本书学会可视化演讲设计》

（“商业与可视化”系列）

- 这是一本教你如何将复杂的事务简化为简单易懂的故事，并以可视化的方式呈现的书；
- 微软及多家世界知名企业都在推行的内部演讲培训方法；
- 以通俗易懂的语言、用可视化场景讲述能引起听众强烈共鸣的故事，将你心中想法的价值传递给他人。

《白板式销售：视觉时代的颠覆性演示》（“商业与可视化”系列）

- 用一支笔的力量，终结 PPT 时代，开启视觉时代强大演示；
- 超过 20 多个国家、5 万多名专业销售人员都在用的销售利器。

《自媒体时代，我们该如何做营销》（“商业与可视化”系列）

- 一本将营销技巧可视化的图书，被誉为“中小微企业营销圣经”，亚马逊 2008 年年度十大商业畅销书《自媒体时代，我们该如何做营销》可视化版；
- 作者被《华尔街日报》誉为“营销怪杰”；第二作者乔斯琳·华莱士为知名视觉设计师；
- 译者刘锐为锐营销创始人；
- 国内外诸多重磅作家推荐，如丹•罗姆、平克、营销魔术师刘克亚、营销策划专家何丰源等。

《大数据经济新常态：如何在数据生态圈中实现共赢》

（“商业与大数据”系列）

- 一本发展中国特色的经济新常态的实践指南。
- 客户关系管理和市场情报领域的专家、埃默里大学教授倾情撰写。
- 中国经济再次站到了升级之路的十字路口，数据经济无疑是挖掘中国新常态经济潜能，实现经济升级与传统企业转型的关键。
- 本书适合分析师，企业高管、市场营销专家、咨询顾问以及所有对大数据感兴趣的人阅读。

《大数据供应链：构建工业 4.0 时代智能物流新模式》

（“商业与大数据”系列）

- 一本大数据供应链落地之道的著作。
- 国际供应链管理专家娜达•桑德斯博士聚焦传统供应链模式向大数据转型，助力工业 4.0 时代智能供应链构建。
- 未来的竞争的核心将是争夺数据源、分析数据能力的竞争，而未来的供应链管理将赢在大数据。

阅想•新知

《数据之美：一本书学会可视化设计》

- 《经济学人》杂志 2013 年年度推荐的三大可视化图书之一。
- 《大数据时代》作者、《经济学人》大数据主编肯尼思•库克耶倾情推荐，称赞其为“关于数据呈现的思考和方式的颠覆之作”。
- 亚马逊数据和信息可视化类图书排名第 3 位。
- 畅销书《鲜活的数据》姐妹篇。
- 一本系统讲述数据可视化过程的的普及图书。

《数据新闻大趋势：释放可视化报道的力量》

- 数据新闻和数据可视化的领军人物、Google 趋势数据主编分析师西蒙•罗杰斯的扛鼎之作。
- 喻国明、金兼斌、黄志敏、陈为、沈浩、周葆华、马金馨、吴晓琪、张静波、兴宝、马轶群众多传媒精英联袂推荐。
- 这是一个搜索、数据可视化与文字报道相结合的全新领域。
- 本书将引领你走上一条传统媒体走向互联网转型和数据开放的未来之路。

The Presentation Lab: Learn the Formula Behind Powerful Presentations

ISBN: 978-1-118-68700-0

图书在版编目（CTP）数据

Eyeful 演讲实验室：超震撼可视化演讲设计教程 /（英）莫顿著；李桐译 . —北京：中国人民大学出版社，2015.10

ISBN 978-7-300-22032-1

I. ① E⋯ II. ①莫⋯ ②李⋯ III. ①演示法—视觉设计—教材 IV. ① G424.1

中国版本图书馆 CIP 数据核字（2015）第 252684 号

Eyeful 演讲实验室：超震憾可视化演讲设计教程

【英】西蒙 • 莫顿 著

李桐 译

Eyeful yanjiang shiyanshi：chaozhenhan keshihua yanjing sheji jiaocheng

出版发行	中国人民大学出版社		
社　　址	北京中关村大街 31 号	邮政编码	100080
电　　话	010-62511242（总编室）		010-62511770（质管部）
	010-82501766（邮购部）		010-62514148（门市部）
	010-62515195（发行公司）		010-62515275（盗版举报）
网　　址	http://www.crup.com.cn		
	http://www.ttrnet.com（人大教研网）		
经　　销	新华书店		
印　　刷	北京中印联印务有限公司		
规　　格	185mm×230mm　16 开本	版　次	2015 年 12 月第 1 版
印　　张	16　插页 1	印　次	2015 年 12 月第 1 次印刷
字　　数	242 000	定　价	65.00 元